体商健康管理系列通用教材

丛书总主编：高健

U0483450

健身器械锻炼指导

形体塑修篇

田里　叶梦馨　主编

人民体育出版社

图书在版编目（CIP）数据

健身器械锻炼指导. 形体塑修篇 / 田里, 叶梦馨主编. -- 北京 : 人民体育出版社, 2018（2024.3重印）
体商健康管理系列通用教材 / 高健主编
ISBN 978-7-5009-5327-2

Ⅰ. ①健… Ⅱ. ①田… ②叶… Ⅲ. ①健身器械—健美运动—教材 Ⅳ. ①G883

中国版本图书馆CIP数据核字(2018)第020952号

*

人民体育出版社出版发行
北京中科印刷有限公司印刷
新　华　书　店　经　销

*

787×960　16开本　12印张　203千字
2018年3月第1版　　2024年3月第2次印刷
印数：7,001—8,500册

*

ISBN 978-7-5009-5327-2
定价：48.00元

社址：北京市东城区体育馆路8号（天坛公园东门）
电话：67151482（发行部）　　邮编：100061
传真：67151483　　邮购：67118491
网址：www.psphpress.com
（购买本社图书，如遇有缺损页可与邮购部联系）

丛书编委会

策　　划： 北京完美和金运动科技有限公司

顾　　问： 田麦久　刁在箴

总 主 编： 高　健

副总主编： 刘　晔

编委（按姓氏笔画排序）：

毛　蕾　卢　伟　叶梦馨　田　里

史仍飞　冯　钰　朱晓龙　刘　俊

孙　鹏　张作舟　张怀波　张　翔

陈宇婷　罗学莲　钱宏颖　徐　恬

董晓虹　程泽鹏

本书编写组

主　　编：田　里（浙江师范大学）

叶梦馨（浙江师范大学）

编写组成员（按姓氏笔画排序）：

王莉亚（象山县实验小学）

冯坤野（义乌工商职业技术学院）

刘　蒙（浙江师范大学）

刘克旺（浙江师范大学）

李浩林（杭州临平职业高级中学）

吴少卿（浙江师范大学）

余汪洋（浙江师范大学）

罗　炜（浙江师范大学）

郑易之（浙江师范大学）

崔　伟（浙江师范大学）

曹培宸（浙江师范大学）

图片模特：叶梦馨（浙江师范大学）

罗　炜（浙江师范大学）

摄　　影：胡元勇（浙江日报）

序

“完全人格，首在体育。”著名教育家蔡元培先生的这句话准确地概括了体育对于一个人身心健康成长的意义。体育，不仅仅是一种身体运动，还是一种生活方式、一种教育手段、一种精神载体，是培养健康体魄、塑造健全人格、促进人的全面发展的有效途径。以我自己为例，从1960年12岁时因为机缘巧合，由青岛调入了山东省体操队，从此与体育结下不解之缘开始，一直到2008年北京奥运会之后从国家体育总局体操运动管理中心主任位置上退休，可以毫不夸张地说，是体育改变了我一生的道路。在这条道路上，我不仅收获了竞技场上的成就与荣耀，更重要的是体育带给我的健康的身体，以及伴随体育而来的那些团结拼搏、奋发向上、乐观积极、永不言弃的精神，让我受用终身。

正因如此，我一直希望每个孩子在成长的过程中，都能从体育中获得健康的体魄和健全的精神。但现实却并不那么美好，1993年，我和几位体育界的全国政协委员一起，在经过系统的调研之后，联名提交了一份题目为“中国青少年体质现状堪忧”的提案，提案中分析了当时中国青少年体质方面存在的种种问题，呼吁国家能充分重视青少年体质问题，切实加强学校体育。然而，就在不久前，我无意间看到《参考消息》上转载的一篇英国《泰晤士报》的文章，题目竟然也是“中国学生缺乏运动体质堪忧”，相隔20多年，几乎一样的标题，从一个侧面突显出我们的学校体育在这么多年来一直存在的问题和缺位。

让人高兴的是，我们国家已经意识到了这些问题，并且开始对学校体育给予了越来越多的关注和重视。习近平总书记明确指出“少年强中国强，体育强中国强”，学校体育是国民体育的基础，学校体育是否完善和科学，对青少年身心健康和国家民族长远发展具有十分重大的战略意义。

“觉健身”是一家专注于提供校园健身解决方案的专业服务机构，并得到教育部全国体育学生协会的授权，为全国大、中、小学校园健身场馆，以及场地新建、改建、运营管理的独家服务机构。他们选择了以学校体育为突破口，以健身项目为切入点，致力于帮助青少年培养健身习惯、增强体质、提升综合素质。正因如此，当觉健身与我联系，邀请我和其他几位国内体育运动健康领域的专家一起共同编写一套面向青少年的健身系列教材时，我欣然同意了，因为在我看来，这是一件十分有意义的事，值得我们去做。

在确定这套教材的书名时，我们经过了再三斟酌，最终决定摒弃《健身教材》的名称，而是选择了《体商健康管理系列通用教材》这一名称，是因为我们希望这套书不应该是一套过于具象化的健身操作指南，而是通过这套教材，能够更好地诠释和传递“体商”这一理念和价值观。

所谓“体商”，在很多人看来是一个有些陌生的词汇，既然这个世界上可以有智商，有情商，最近又有了财商、爱商这些概念，那为什么不可以有体商？体商（Body Quotient，简称BQ），即身体商数，是人对自身真实健康情况自我认识的反映，是一个人活动、运动、体力劳动的能力和质量的量化标准。它不同于我们传统认知中的“体质”概念，因为它不是对形态的测量（身高、体重等），而是人们力量、速度、耐力，以及柔韧性、协调性、灵活性等方面的综合能力。有一句话说得很好：“一个人的健康是1，而财富、感情、事业、家庭等都是1后面的0，只有依附于这个1，零的存在才会有意义，如果没了这个1，那么一切都将不存在。”我在这里把这句话修改一下：一个人的体商是1，智商、情商、财商这些都是0。因为一个人如果连自己的身体都管理不好，又如何去管理好自己的学习、感情、财富呢！

体商是可以通过科学合理的健身方法进行管理和提高的，这也正是我们编写这套教材的目的所在。我们希望能在这套教材的科学指导下，更好地帮助学生掌握足够的身体健康管理技能和知识，培养良好的健身习惯，全面提升身体素质和自律意识，为未来的学习和工作打下良好的基础。同时，通过系统化地学习体商健康管理的相关知识和课程，还有助于学生掌握一定的健身指导技能，进一步拓宽就业之路。

在此之前，国内有不少针对健身的相关课程和书籍，但或是专业性太强，不适合普通学生从零基础开始学习；或是过多地重视实际操作，缺乏理论性、系统性和科学性。《体商健康管理系列通用教材》从编写之初，就确定了要更好地面向普通学生的特点，力争做到教材的理论性、系统性、科学性与趣味性、可读性、实用性相统一。本套教材共分为5个模块8本书，包含了运动人体结构、运动营养、防止运动损伤、健身运动发展与趋势，以及当下最流行的健身房器械、团操、团队拓展等项目的介绍和指导内容，同时考虑到学生未来的职业发展，还加进了健身房运营与管理等相关拓展性知识，这些内容互相联系但又相对独立，图文并茂，具备了很强的系统性和指导性。为了能让学生更好地学习和理解教材知识和内容，书中还在每一章的前后加上了内容提示和小问题。

在学习这些课程的过程中，你将有机会重新认识自己的身体，并将有机会成为一个体商更出色的人。不要犹豫，你只管果断地走进健身房，当你系统地学习完整套教材之后，相信你应该可以达到一定的科学健身和自我管理的水平，同时也可以具备基础的健身行业从业能力。

在完成本套教材的过程中，我们得到了诸多同仁和好友的支持、指导和帮助。借此，一并向他们表示最诚挚谢意。其中，我要衷心感谢北京完美和金运动科技有限公司在教材策划、统筹、保障方面给予的热忱、周到的支持；衷心感谢我的两位好友——北京体育大学的田麦久教授和华中师范大学的刁在箴教授，他们在百忙之中担任了本套教材的顾问，为教材提出了许多宝贵的指导意见；衷心感谢浙江师范大学的田里教授和叶梦馨老师，他们担任了《健身器械锻炼指导》的主编；衷心感谢浙江大学的董晓虹教授、陈宇婷老师，以及衢州学院的张作舟博士和湖州师范学院的卢伟老师，他们担任了《健身运动的发展和职业规划》《商业健身俱乐部经营与管理》的主编；衷心感谢浙江大学的钱宏颖老师、朱晓龙老师，以及杭州医学院的徐恬老师和上海浦东新区第一少年儿童体育学校的毛蕾老师，他们担任了《团操健身课程指导》的主编；衷心感谢上海体育学院的史仍飞教授、孙鹏老师、冯钰老师、程泽鹏老师和华东政法大学的张怀波老师，他们担任了《运动人体结构与代谢营养》的主编；衷心感谢人民体育出版社的专业编辑团队，他们的认真努力与细致工作为使这套丛书成为体商健康管理方面的领先教材提供了极大的帮助；衷心感谢所有参与《体商健康管理系列通用教材》编撰工作，以及所有帮助过本套教材的人和其研究成果为本套教材带来参阅的人，谢谢你们！

我还要感谢作为读者的你。感谢你花费时间和精力来阅读和学习本套教材，对于体商健康管理这一内容丰富的学科领域和本套教材所采取的系统化、科学化的指导方法，我报以极大的热情，愿你与我分享这一热情。

虽经各位作者尽心努力，但由于时间较紧，资料、水平所限，疏漏谬误之处当在所难免，敬请各位读者见谅。但只要我们的所有努力能够为中国青少年的体商健康带来哪怕一点点的提升，于愿足矣。

高健

2017年12月15日于北京

前　言

自古以来，人体美就是人们重要的审美对象；身体美，是人类健康的身体所呈现的美。故，人们想要保持健康并获取身体美，就必须让自身的身体与自然环境和社会环境达到动态平衡，并在身体上、精神上和社会上达到完满状态，才能显现出人体之美，使阅赏者从不同的角度产生不同的惊叹，或用不同的眼光去欣赏异样的美。然而，身体美与人体美的异同在于：身体美所体现的是现实生活中的一种美，更是进行生命活动的有机体所表现出来的动态变化之美；而人体美通常是艺术加工过程中的概念，它一般显示是静态的。简言之，身体美是动态的人体美，人体美是静态的身体美；身体美是人体美的源流，人体美是身体美的升华。

爱美之心人皆有之。作为身处青少年时期的现代校园男女，正是追求自我身体完美的狂热期。他们希望修塑自我身体的美，以充分展示其本身人体的美。为此，俊男美女们倾尽其所能，寻探各种身体塑修的妙法，祈盼能获取“神”美的人体。

智寄于体，体赖于健，健托于动，动在于巧。综观健身健美运动的起源和发展历程，以及现代科技的发展，利用专门的健身健美器械和生活物品，对身体进行的健康促进、身体健塑、体能提升以获取身体美，是既简单又行之有效的方式和方法，并已成为大众和校园男女热追的锻炼方式，深得锻炼者的追捧。为充分展示器械、器物健身的特点、功能和效用，更好地供青少年和健身锻炼者选用，本书从介绍器械健身概况入手，对各类器械、器物的健身性能、锻炼的方式方法、体能锻炼、身体健塑、锻炼案例，以及相关的基础知识等内容作了较全面的论述。衷心祈愿，在此作的导引之下能使锻炼者的身体康健、重塑、修饰和健美人体的获取有所帮助。

《健身器械锻炼指导》分为形体塑修篇和体能提护篇两册。形体塑修篇在全面介绍健身会所中常用的各类健身器械特点、功能、锻炼技法等基础上，重点强调了人体胸、背、肩、臂、臀腿和腰腹等各部位可选用的不同健身器械练习方式和方法的科学锻炼，并列有减肥、增长肌肉和增长力量等不同锻炼目的的初、中、高等级运动水平的锻炼课案供健身者选用和参阅。体能提护篇主要介绍健身锻炼中对体能提高和身体护养极具功效的各类常见健身器械和日常生活物品的锻炼特征与功效，以及练习方式和方法，尤其对爬行器械、有氧器械、弹力器械、抗击打器械、寝室器物等常见器物锻炼作了较详细介绍，其中还对体适能锻炼、健身器械锻炼处方编制等作了叙述。同时，按照各健身器械、器物的锻炼特性，列有不同锻炼目的和运动水平的锻炼课案供健身者择选和参考。

全书两册各自成体系又互有关联，全文通俗易懂，引证有据，实践操作技法科学实用，图文并茂，使读者一目了然。通过系统的学习和锻炼，您将获得全面的健身知识，以及身体素质、心理素质和身体形态的全面提升并受益终生。

所以，有志于美体强身的俊男靓女们，行动吧！

目录

第一章 器械健身概述

本章节从介绍器械健身健美发展简况入手，主要对健身器械锻炼的特征与功效、健身器械锻炼的分类、健身器械锻炼考虑因素，以及运动处方制定要则等方面作了阐述。同时，强调健身器械锻炼过程一定注重锻炼的功效、锻炼的原则、锻炼的科学性、锻炼的原则性等，以避免健身器械锻炼过程的盲目性。旨在供广大器械健身爱好者了解器械健身的概况提供参考。

在这个物质文明不断提高和工作节奏不断加快的社会大背景下，人们茶余饭后谈论最多的就是健康，越来越多的人群开始关注健康和投资健康，同时健身器械练习也已成为都市群体生活中不可缺少的部分。器械健身所塑造的体型，不仅要追求形体和形态的完美，而且要追求得体的仪态和端庄的仪表，更为重要的是将两者合二为一，达到身心统一，以迎合现代社会时尚的需求、现代都市生活的需求及现代社会工作节奏的需求。

第一节　健身健美运动发展简况

一、健身健美运动起源与发展

早在古希腊时代，运动健将就用举重物来锻炼身体，并得到强壮、健美的体型，这些健美的运动员，被雕塑家“记录”下来并留存至今。这是健美运动的早期萌芽。

19世纪晚期，德国人尤金·山道首创了通过展现身体各种姿态的方式来展示人体美，而且为现代健美运动的发展奠定了基础。山道之所以受到世人的崇敬和后世的敬仰，不仅是因为他有着健美的身躯和超人的力量，更重要的是他具备一般大力士所无法比拟的文化素质和道德修养。山道是18岁那年上的大学，大学期间通过研究人体解剖学，他更加懂得了科学锻炼的意义，而且从实践中摸索出了一整套发达肌肉的训练方法。

为了让更多的热爱健身的人了解和掌握发达肌肉的正确方法，山道在30岁后开始撰写健身著作《力量如何去得到》《体力养成法》《实验祛病法》等书，受到各国健美爱好者的一致好评。1898年山道创办了《体育文化》期刊，同时在伦敦设立体育学校，并在新西兰、澳大利亚、印度、南非及美洲等地设立分校，教授健美、举重、角力等体育项目。另外，他还设立函授对世界各地男女青年进行指导。所以，他被公认为“国际健美运动的创始人”

和“世界上第一位健美运动员”。

经相关历史考证，健美的“早期”是1880年至1930年。18世纪末，德国大体育家山道，在伦敦音乐厅进行了一次轰动社会的表演。他那发达的肌肉与和谐的体型，犹如一座完美的艺术雕像，使数千名观众为之倾倒，从而开创了健美运动的先河。

1904年1月16日，首届大规模的健美比赛在美国纽约的麦迪逊广场举行。获胜者是阿尔·特雷劳尔（Al Treloar），他也因此获得“全世界体格塑造最完美的男人”的头衔，并赢得上千美元奖金，这在当时是一个不菲的金额。两周以后，托马斯·爱迪生将阿尔·特雷劳尔的身体锻炼拍成了电影。在这之前的几年，爱迪生也曾为山道拍过两部电影，这是最早将健美运动拍成电影的记录。20世纪早期，贝尔纳·麦克菲登（Bernarr Macfadden）和查尔斯·阿特拉斯（Charles Atlas）继续将健美运动推广至世界。

20世纪20年代《肌肉发达法》《力的秘诀》等颇具影响的专著从理论上肯定了健美运动的积极作用。从20世纪30年代起，在一些欧美国家，健美表演逐渐变成一项竞技比赛——健美比赛，并扩展到世界各地。20世纪40年代初，加拿大的本·韦德（Ben Weider）兄弟在周游90多个国家、地区和宣传推广健美运动的基础上，于1946年创建了国际健美联合会，并商定和推行国际性健美比赛的组织、规则、裁判、奖励等事项。

在现代，健美运动是以展示人体美为特征。男子的健美标准是：身材高大而强壮，肌肉发达而均衡，肩宽臂圆，体力充沛，体质健康等。女子健美标准是：体型匀称，姿态优雅，胸部丰满，肩圆腰细，肤色光洁润泽等。健美要与心灵美相结合，有了健康美好的心灵，才能有健康美好的情绪，才能有健康美好的姿态、动作和行为，只有心灵和身材并美，才能有真正的健美。

二、我国健身健美运动发展历程

（一）萌芽与发展阶段

现代健身健美运动是从20世纪30年代由欧美传入我国逐渐发展起来的。赵竹光先生是我国现代健美运动的开拓者。30年代初期，赵竹光先生在上海沪江大学读书时，由于受到美国体育期刊中函授广告的指引，参加了美国的健美函授学习和锻炼。经过一年苦练，他的身体强壮了，以致吸引了很多人请求跟他锻炼并学习。于是，他就创立了我国最早的健美组织——“沪江大学健美会”，并于1934年和1937年先后翻译出版了《肌肉发达法》和《力的秘诀》两本健身著作，并主办《健力美》杂志，积极介绍和推广健美运动。1940年5月，赵竹光先生又创办了“上海健身学院”，其校训是：“健全的身体，健全的人格，健全的头脑，健全的灵魂。”也因赵竹光先生对中国健美健身运动所作的贡献，被业内尊称为“中国健美之父”。

20世纪40年代初，曾维祺先生在上海创办了“现代体育馆”，出版了《现代体育》杂志，以宣传健美体格和器械健身健美锻炼方法，其后在广东、上海、北京等地相继开展健美和举重活动。另外，还有许多前辈也为开展健身健美运动做出了大量的贡献。

新中国成立之后，健美运动更为广大群众所喜爱，上海先后建立了“健美体育馆”“强华体育社”等近10个健美锻炼的场所，广州的健身院也发展到10家之多，北京、南京、苏州等地也同样吸引了很多青年参加健美健身锻炼。

（二）停滞和复兴阶段

20世纪50年代，由于受极“左”思潮的影响，我国这项以器械锻炼为手段的、火热的健力美的运动被迫停止活动，各体育场所都进而转向举办举重活动，健身健美活动基本上停滞了近30年。

20世纪80年代是我国健美运动复兴的年代。在改革开放的形势下，为了满足广大青年想使体格迅速健美起来的迫切愿望，1980年前后，上海、北京、广州等地又恢复并开展了健美运动，不到几年时间很快就普及到了全国许多大中小城市。很多体育场馆开展了各种形式的健美训练班，同时还恢复和新建了一些专门进行健美运动的场馆。在开展健美运动方面，国内各体育学院发挥了固有的人才和场馆设备优势，北京、上海、武汉、成都、沈阳等体育学院先后开设了健美运动和健美操选修课，培养了数以千计的健美运动骨干，同时也培养了一些优秀选手。北京体育学院还编导制作了《肌肉发达与形体美》《室内健身健美运动》《健美运动简介》等健美教学录像。其他许多高等院校也都把健美运动作为体育课的教材进行教学，大学生的业余健美活动开展得也十分活跃。群众性的健美运动吸引了众多的男女老少积极参加，这对增强人民体质、丰富群众（特别是青年）的业余文化生活起到了积极的作用。在群众性健美运动广泛开展的基础上，在各级体育部门和有关人士的积极倡导和大力支持下，1983年6月在上海举办了第一届全国“力士杯”健美邀请赛，并由国家体委决定其后每年举行一届。

（三）狂热阶段

从1983年至1989年，先后在上海、广州、北京、深圳、安徽屯溪、徐州、桂林等地举办了7届全国“力士杯”健美比赛。同时采取民办公助的形式，举行了多次各种健美“杯”赛。但在前两届比赛中只进行了男子个人比赛，从第三届开始增加了男女混双表演。

1985年，国际健美协会主席本·韦德，对我国健美运动开展的情况给予了高度的评价，专程来我国观看了第三届“力士杯”全国健美邀请赛，并对在我国开展健美运动有较大贡献的陈镜开、赵竹光、曾维棋等9人分别授予了国际健美协会的银质奖章、功勋奖章和荣誉证书。1985年11月，在瑞典哥德堡举行的第三十九届国际健美联合会年会上，正式接纳我国为国际健美联合会的第128个会员国。

1986年11月，由国家体委主持正式选举产生了中国举重协会健美委员会，曾维祺为主任，裔程洪、孙玉昆、戚玉芳为副主任，古桥为秘书，统一领导开展我国的健美运动。同年，在深圳举办了第四届“力士杯”全国健美邀请赛，并首次出现女子穿“比基尼”参赛的场景，打破了中国数千年的封建习俗，为报道这一历史现象，到会的中外记者人数超过了参赛运动员人数，成为当年全国评选的十大体育新闻之一。

从1987年开始，“全国健美邀请赛”正式改名为“全国健美锦标赛”。1988年10月，我国首次派出何玉珊、孙伟毅二人参加了在澳大利亚举行的世界男子业余健美锦标赛，初试了锋芒。

1989年12月，在上海举行了我国首次国际健美邀请赛，人们的参与激情高昂，同时各媒介积极宣传，对推动我国健美运动的开展起到了促进作用。《中国体育报》专门出版了增刊《健与美》杂志，宣传健美运动，发行量逾百万册（《健与美》杂志是我国专业宣传人体健与美的杂志，到现在《健与美》仍在发行）。同时，电视台开始举办各种健美讲座，出版社也进行健美运动专著与相关书籍的发行。

（四）规范和全面发展阶段

1996年，我国首次举行了以健美形体为竞赛主题内容的“健身小姐比赛”，同年在武汉召开的第五届中国健美协会换届会上，组织成立了科研委员会、教练委员会、裁判委员会等机构，为未来中国健美的发展奠定了坚实的基础，并作出了不可估量的成绩。1998年首次推出了“健身指导员等级制”；2001年首次举办了全国健身先生比赛，这也是世界范围内第一次举办的健身先生比赛。

特别是进入21世纪以后，我国的健身健美产业快速发展，各种形式的健身健美竞赛相继举行，各种健身健美管理规定也相应出台。如：从2000年开始，每年举行一期全国的健身健美论谈会；2002年，我国承办亚洲女子健美锦标赛、亚洲混合健身健美锦标赛、亚洲健身小姐锦标赛；2002年出版了中华人民共和国国家标准“体育场所等级划分（第2部分）——健身房星级划分及评定”；2004年首次举行了全国俱乐部风采大赛，推出了“私人健身教练”。

随着全民健身计划的推广和实施，健身健美锻炼开始备受关注，越来越多的人群愿意参与其中，以健身健美为主体内容的经营和消费也已成为市场规模。其中，以健身健美指导等有偿服务为职业的人员已成为一支强大的队伍，并活跃于全国各地的健身房或俱乐部中，并且各地健身健美市场从消费、经营、管理等方面都处于不断完善和规范中。

2014年，国务院出台了《关于加快发展体育产业促进体育消费的若干意见》，全民健身上升为国家战略，中国健美健身的发展又呈现了新的景象。如，2016年在国内的大小健美健身比赛就达100多场；在国际比赛中屡创佳绩，在第50届亚洲健身健美锦标赛中获得16枚金牌并夺得团体冠军；在世界健身健美锦标赛上获1枚金牌和全场冠军；注册运动员人数超过3000人；晋升了大批的国际级和国家级裁判员；专业健身教练培训人数达5800人；新华社客户端对相关信息的点击量超1000万次，比赛直播收视率超100万次。

与此同时，健身俱乐部数量也随之迅速增长，其中除了传统健身房外，以互联网为依托、以健身为内容的互联网健身成为创业和投资热点。据国家体育总局《2016年健身教练职业发展研究报告》显示，2015年健身俱乐部数量增长20%，达到4425家。2015年健身俱乐部会员数量达到663.77万人，同比增长21.3%。

第二节 健身器械锻炼的特征与功效

一、健身器械锻炼的特征

（一）锻炼体质的多样性

进行健身器械锻炼的过程中，人体必然承受一定的负荷强度和负荷量，并且是以不间断的方式在逐渐增大，这是健身器械锻炼最基本的特点。根据这一特点，可以在锻炼中采用不同的练习器械、不同的用力方式和负荷干预，并通过各种的动、静、养、调等的形式和方法，使机体获得健康，保证其高质量的正常运动状态，从而提高体质水平，使生活质量得到更高的保障。

（二）修塑体形的目的性

健身器械锻炼的主要目的之一就是采用各种方式来活动人体各部位肌肉，而在健身健美比赛中就是以全身肌肉发达程度为主要的评分标准。因此，在健身器械锻炼中所采用的各种各样器械负重方式、动作组合进行重复次数练习，以及“超负荷”获得“超量恢复”和促进人体的新陈代谢，就是为了使体格强壮，使全身各部位的肌肉通过针对性健身器械锻炼得到协调发展，并使体形得到完美修塑。

（三）身心发展的一致性

健身器械锻炼作为一项时尚的项目，除了具有一般体育活动所具有的增进健康、增强体质的功效外，还具有“健心”的深层含义。健身器械锻炼将体育和美育等有机地结合在一起，使人既有力的激发，又有美的享受，并在练习动作和手段、教学训练的内容和方法，以及比赛的内容和评分标准中，都充分体现了这一特点。所以，这就促进了锻炼者要注重人体整体匀称、协调、优美发展。通过器械锻炼后的人体鉴赏，从中提高自己的各方面修养、规范自己的行为道德，从而使自己的身心得到一致性发展和陶冶。

（四）增进友谊的交流性

健身器械锻炼过程中经常是合作练习，在相互帮助、交流心得之中增进友谊，加之这种交往不带任何的利益关系，故使自己走出自我封闭的体系，摆脱工作、事业、学习、生活上的一些不良情绪，可克服一些弱点、改变不良的习惯，从而提高自己的生活质量。

（五）老少皆宜的广泛性

健身器械锻炼动作的练习方式多种多样，无论是固定器械还是自由重量器械，都可根据需求进行自由调节重量。不同的锻炼次数、组数和运动负荷量也可根据各人进行调整，充分满足了男女老幼等不同人群的需求。

二、健身器械锻炼的功效

健身器械锻炼是以改变身体形态，以多样性锻炼方式进行的，既能改变生活方式和提高生活质量，又能提高身心健康和提升娱乐水平的活动。健身器械锻炼的功效主要包括以下五个方面。

（一）发达肌肉，强健体魄

健身器械锻炼的作用主要是有效提高目标肌肉的增长，同时发展身体各个部位的肌肉。在人体结构中，骨骼、肌肉、关节和韧带等共同组成了运动器官。而在复杂的锻炼过程中，一切运动形式的原动力就是依赖骨骼肌所产生的肌张力，引起肌肉的收缩和放松，从而形成各种动作。按生物界“用进废退”自然规律，健身器械锻炼中所采用练习的各种动作方式和方法，其实质就是对身体各部位肌群实施负荷强度和负荷量的干预，使肌肉受到强烈的刺激，从而能促使肌肉生理横断面积增大，肌肉饱满、发达，肌肉的力量增强；同时，能促进骨骼肌新陈代谢作用，提高骨骼肌的抗拉、抗压和抗阻力的性能；对关节、韧带的生长发育也将起到良好的促进作用。

（二）改善和提高内脏器官系统的机能水平

健身器械锻炼可改善和提高心肌收缩能力；使心脏的容量增大、血管弹性增强，从而提高心脏和血管的舒张能力；使心博有力、心输出量增加，心跳数可减少到约60次/分；还能使血液中的红细胞、白细胞和血红蛋白增加，从而提高人体吸收营养素的水平与代谢能力和对疾病的抵抗能力。

健身器械锻炼能提高呼吸的深度，增加每次呼吸时的气体交换量，有利于呼吸肌的休息，提高呼吸系统的功能储备，从而保证在激烈运动时满足气体交换的需要，提高机能水平。

健身器械锻炼还能促进消化系统的机能，因为肌肉活动消耗大量的营养物质，需要及时补充，而肌肉的活动可促使胃肠蠕动增加，从而使消化液的分泌增加，故能提高消化和吸收的能力。

（三）提高中枢神经系统的机能水平

健身器械锻炼中，之所以能完成各种动作方式或练习，其实质就是肌肉与肌肉之间协调配合下产生的结果，而这些活动都是通过中枢神经系统的调节完成的。中枢神经系统由脑和骨髓构成，它负责管理和调节人体内部各器官系统的活动，保证人体内部环境的平衡，同时维持人体与外部环境的平衡。健身器械锻炼能提高中枢神经系统的功能，以及人体对内外环境的适应能力，促进智力开发，提高思考问题的敏捷性，从而提高中枢神经系统的机能水平。

（四）调节心理，释放压力

人的心理活动本质是人脑对外界客观事物的反应。紧张的体力或脑力劳动以后，机体必然产生疲劳的感觉。现代生活的紧张节奏，会产生压抑或其他一些不良的情绪。经常进行健身器械锻炼，可以起到调节心理活动、释放压力的作用。优美明快的音乐，节奏鲜明、协调有力的集体健身，以及各种能很快见到明显锻炼效果的肌肉活动，均可对日常的紧张劳动和工作起到良好的调节作用，将生活或工作中的压力释放，从而产生积极的心理影响，使人产生努力向上、追求美好未来的健康情绪，陶冶美好的情操。

（五）改善体形体态，矫正畸形

形体是指人在先天遗传变异和后天获得基础上所表现出来的身体形态的相对稳定的特征。即，身体各部位的比例是否平衡、协调、匀称、和谐是以肌肉线条、肌肉轮廓为显著特征。体态是体现整体和各部位的形态是否具有人体的自我形体美。健身器械锻炼能促进人体某些部位的改变，因而选择特殊或适当的训练方法，可以改善和塑造较理想的体形和体态，使男子变得体格魁梧、肌肉发达；使女子变得体态丰满、线条优美；还可使肥胖臃肿的体态达到减缩多余脂肪、减轻过重的体重，以及增强体质、壮实体格、美化形体的目标；使瘦削衰弱的体形达到发达肌肉、增加体重、增强体质和改善体形的目标。

健身器械锻炼对矫正人体的某些畸形或某些缺陷有特殊的治疗和康复效果。很多由于先天或后天造成的身体畸形或缺陷，如鸡胸、含胸或因病引起的肌肉萎缩或肌力衰退等，都可以通过选择针对性的健身器械锻炼方式方法进行锻炼，并可达到预期的治疗效果。由于健身健美运动的这一作用，某些动作已被进一步用于医疗体育方面。

第三节　健身器械锻炼的分类

一、以健身健美表现形式分类

（一）大众健身健美

大众健身健美分类见表1–3–1。

表1–3–1　大众健身健美分类

类别	内容
形体健身健美	人体形体健美、人体各部位健美、人体机能健身等
整形健身健美	人体形态矫整、人体功能矫整等

（二）竞技健身健美

竞技健身健美分类见表1-3-2。

表1-3-2 竞技健身健美分类

类别	内容
肌肉健身竞赛	个人项目竞赛、双人项目竞赛、特设项目竞赛等
健身先生、小姐竞赛	健身形体竞赛、特长表演竞赛、知识问答竞赛等

二、以健身健美锻炼方式方法分类

（一）器械分类

器械分类见表1-3-3。

表1-3-3 器械分类

类别	内容
自由重量器械	包括：大（小）杠铃，固定或可调整重量的哑铃、壶铃、曲杠杠铃等
有氧健身器械	主要是指锻炼心肺功能的器械，包括：跑步机、椭圆机、动感单车、爬行器、踏步机、动感单车、划船器、划雪机、风阻单车等
固定健身器械	主要是指负重锻炼肌肉为主的大型健身器械，包括：卧推器、蹬腿器、史密斯机、龙门架、坐姿划船器、坐姿重锤下拉器、助力引体器、坐姿团身器、腰腿练习器、坐姿分腿器、坐姿收腿器、多功能腰腹练习器、360健身器、多功能健身器等健身会所中的固定器械
弹性器械	主要是指带有拉伸力的器械，包括：拉力器、弹力带等
辅助器械	主要是指练习中辅助作用的器械，包括：垫子、跳绳、踏板、健身球、壶铃、沙球、瑜伽球、核心床等对健身健美起辅助作用的小工具

（二）徒手健身健美分类

徒手健身健美分类见表1–3–4。

表1–3–4　徒手健身健美分类

类别	内容
自重健身健美	包括徒手的单个动作、组合动作等类型的方式方法
机体松理健身健美	包括拉伸、按摩、特理等放松方式方法

（三）自然力健身健美分类

自然力健身健美分类见表1–3–5。

表1–3–5　自然力健身健美分类

类别	内容
非物质力健身健美	阳光、气温、空气、森林、高原等非物质力，注重外界自然环境对健身者产生的影响
物质力健身健美	水（淡水、海水、温泉）、泥、沙、石等物质力

（四）饮食健身健美分类

饮食健身健美分类见表1–3–6。

表1–3–6　饮食健身健美分类

类别	内容
自然食物饮食健身健美	包括五谷、蔬菜、水果、肉、鱼、蛋等自然食物
营养补剂饮食健身健美	包括各种经加工而成的营养食品

第四节 健身器械锻炼考虑因素和运动处方制定要则

一、健身器械锻炼考虑因素

（一）运动目的

按性别、年龄、职业和身体健康的不同，运动目的可包括强身、塑体、保健、防病、健美、休闲、娱乐等。

（二）运动类型

1. 有氧运动类

有氧运动类包括步行、慢跑、走跑交替、游泳、跳绳、上下楼梯、自行车运动、各种健身操等主要以锻炼心肺系统功能为目的的运动项目。

2. 负荷运动类

负荷运动类包括杠铃、哑铃、综合力量训练器等主要以锻炼运动系统功能为目的的运动项目。

3. 康复运动类

康复运动类包括太极拳运动、气功、各种矫正体操等以有针对性的帮助改善相应病症、康复人体运动系统功能为主要目的的运动项目。

在选择不同运动类型时应考虑的因素或条件：有经过体质测定和医学检查的许可；运动强度和运动量适合本人的承受范围；有过去的运动经历、个人兴趣爱好；有进行运动的环境；有运动所需的用具和设备；有同伴或指导者共同参与运动。

（三）运动强度

运动强度是指单位时间内的运动量，而运动量是运动强度和运动时间的乘积。运动强度是运动处方定量化和科学性的核心，而运动量是锻炼效果和安全性的关键。为把握好这一核心和关键，现介绍几种简单易行的确定运动强度的方法。

1. 年龄减算法

运动适宜心率=180（或170）–年龄

注：若年龄在60岁以上或体质较差则用170减年龄。此方法适用于一般身体无器质性疾病者。

2. 体质分级控制法

将体质分为强、中、弱等级，运动时心率按此等级分别控制运动强度。

（1）强体质的运动时心率控制：运动后心率–安静时心率≤80次/分。

（2）中等体质的运动时心率控制：运动后心率–安静时心率≤60次/分。

（3）弱体质的运动时心率控制：运动后心率–安静时心率≤30次/分。

3. 净增心率评定法

净增心率评定法具体计算方法：

运动后净增心率=参与者运动后的心率–运动前的心率

运动后心率增加幅度=（参与者运动后的心率–运动前的心率）÷运动前的心率×100%。

运动强度评定：运动后心率增加幅度在110%以上为大运动强度；运动后心率增加幅度在80%～90%为中等运动强度；运动后心率增加幅度在50%以下为小运动强度。

此法在运动医疗法中广泛应用，尤其适用于高血压、冠心病和年老体弱者。

4. 运动最佳心率参考法

国内外科研成果表明，最适宜的锻炼强度在65%～75%，即心率在130～150次/分之间。日本池上教授认为：运动心率在110次/分以下时，机体的血压、血液、尿液和心电图等指标均无明显变化，健身价值不大；心率为140次 / 分时，每搏输出量接近并达到最佳状态，健身效果明显；心率在150次/分时，心脏每搏输出量最大，效果最好；心率超过160次 / 分，则不会出现更好的健身效果；如果心率达180次 / 分以上，体内免疫球蛋白减少，易感染疾病，并易产生疲劳或运动伤病。因此，运动最佳心率的参考值范围如表1–4–1所示。

表1–4–1　运动最佳心率的参考值范围

性别与年龄（岁）	心率范围（次/分）
男：31～40岁 / 女：26～35岁	140～150次 / 分
男：41～50岁 / 女：36～45岁	130～140次 / 分
男：51～60岁 / 女：46～55岁	120～130次 / 分
男：60岁以上 / 女：55岁以上	100～120次 / 分

说明：

（1）此参考值适用于一般健身者，对增进健康、增强体质十分有益。

（2）对30岁以下的青年人，可在男：31～40岁/女：26～35岁的基础上适当上调。

（四）运动密度

通常，运动强度与运动密度、持续时间紧密相关。其中，运动密度不仅指一次锻炼中的反复次数和时间之比，还可指每次锻炼之间的时间间隔。

（1）一周锻炼1次时，运动效果不易积蓄，肌肉酸痛和疲劳每次发生，往往在1～3天都有不适感，且易发生伤害事故。

（2）一周锻炼2次，疼痛和疲劳可能减轻，但运动的效果不会显著。

（3）一周锻炼3次，基本上是隔日运动，不仅不产生疲劳，反而相应运动效果也会产生积蓄。

（4）如果每周的运动密度增加到4次或5次，效果相应会更好。

实践表明，每周的运动密度大小要由运动量和次日的感觉而定。一般在小运动量或次日不感觉疲劳的情况下，每日运动才是可取的。在此需说明，每周运动密度是形成运动习惯或运动生活化的关键。即各人可选择适合自己情况的锻炼强度和次数，但每周至少不能少于3次才会获得较好的锻炼效果。

（五）持续时间

持续时间是指每次课持续运动的时间。由于运动时间和运动强度的乘积决定运动量，因而，即使同等的运动量也可有运动目的各不相同的处方。如：以健身为目的的运动，中老年人应选择强度小而时间长的处方；而对于青少年来说，时间短、强度较大的处方则可能更有好处。但是从生理的分析看，5分钟是全身耐力运动所需的最短时间；60分钟对于坚持正常工作的人是最大限度的时间。库珀研究认为，心率在150次／分以下，那就需要持续5分钟以上才会有效果，如果心率在150次／分以上，那就需要持续5分钟才有效果。由此可见，5分钟以内的运动对于改善和增强体质还是不充分的。因此，要达到健身效果，一般需要在有氧运动20～60分钟范围内。

二、运动处方制定要则

（一）制定运动处方应区别对待

由于每一个锻炼者的身体条件各不相同，不可能预先准备好适应各种情况的处方。即使可能，而个人的身体或客观条件也在经常变化。所以，运动处方的制定，必须针对每一个人的具体情况，因人制宜，区别对待。

（二）制定运动处方应以体力为基础

在制定运动处方时，必须注意到体力（全身耐力）的差别要比性别和年龄的差别更为重要。因此，制定运动处方应以体力情况为基础。

（1）限定安全界限和有效界限。为了增加健身和康复的效果，运动处方的制定必须限定安全界限和有效果界限（界限的划定应根据身体检查的不同情况而定）。通常，安全界限指锻炼者在保证不会出现意外事故的情况下，所承受的最大运动强度或运动量；有效界限指达到最低锻炼效果的最小运动强度或运动量。而安全界限和有效界限之间，就是运动处方最安全而有效的范围。在这个范围内，运动强度、时间和频率等越高，效果就越显著。

（2）运动处方要便于修订调整。运动处方应用于多数人时，有的人适应，也有人可能不适应。即使是根据检查结果开列的处方，也不一定在任何时间、任何地点都是最合适的。因此。对于成为初定的处方在实行过程中，要进行一次或数次的调整，使之成为符合自己条件的运动处方。一个安全、有效、愉快的运动处方往往都是在实践过程中制定出来的。

（3）运动处方的制定要考虑持之以恒和渐进性。运动处方制定，目的是增强体质，提高健康水平。因而除考虑安全和效果外，还要注意个人兴趣。从生理学的角度看，虽然是科学、有效的运动，但是锻炼者不爱好则难以持久，不能持久的运动需要有一适应的过程，体质的增强则往往建立在适应能力逐渐提高的基础上的。所以，运动处方的制定，应在注意持之以恒的同时，还要兼顾其渐进性。

三、健身器械锻炼部位顺序安排要则

根据减肥、增加力量和增长肌肉等的不同锻炼目的，通常不同部位锻炼顺序的安排要则如下。

（一）锻炼部位顺序安排

不同锻炼目的各部位顺序安排要则见表1-4-2。

表1-4-2 不同锻炼目的各部位顺序安排

部位类别	增加力量和增长肌肉	减肥	备注
重点部位	优先锻炼	最后锻炼	锻炼者想重点发展的目标部位，每次课选1～2个部位
非重点部位	重点部位锻炼后，非重点部位锻炼应先上后下（或先下后上），最后是中段	非重点部位锻炼应先上后下（或先下后上），再是中段；最后是重点部位	除重点部位外的身体其他部位

（续表）

部位类别	增加力量和增长肌肉	减肥	备注
说明	如某次锻炼课中重点部位是腰腹部，那么此次锻炼课的内容安排中下肢不能安排大重量的深蹲或半蹲练习。 若，某次锻炼课中重点部位是小肌肉群，那么此次锻炼课的内容安排中就近大肌群不能安排锻炼	非重点部位一般不安排大运动量锻炼	

（二）运动量和周次安排

1. 重点部位运动量和周次安排（表1–4–3）

表1–4–3　重点部位运动量和周次安排

因子	增长力量	增长肌肉	减肥	备注
负重	90%以上	75%～85%	60%以下	此练习所能完成1次的最大重量%
次数	5次以下至半次	6～12次	15次以上至极限	每一组
组数	3～5组	2～4组	3～5组	每个练习
练习	2～3个	2～4个	2～4个	一次课
周次	2～3次	2～4次	4～6次	每周课次

2. 非重点部位运动量安排

非重点部位运动量的安排主要根据锻炼者各人的当时情况决定，主要以维持除重点部位之外的其他部位肌肉和力量不退化，或对前一次课所锻炼的部位肌肉放松为目的。

思考题：

1. 简述健身健美运动的起源。
2. 简述我国健身健美运动的发展历程。
3. 简述健身器械锻炼的特征。
4. 简述健身器械锻炼的功效。
5. 简述健身器械锻炼的考虑因素。

胸部器械锻炼技法

本章节主要介绍常见胸部固定器械练习、自由重量器械胸部常见练习等技法。同时，针对胸部减肥、增长肌肉和增加力量等不同锻炼者的目的，专门设计了胸部器械锻炼的初级、中级、高级等运动水平课案供读者选用或参考。

胸部作为展示男性强壮和体现女性气质的关键部位，深受广大男女的关注。而胸部由胸廓（1块胸骨、12块胸椎和12块对称肋骨借助韧带连结而成）和胸部肌群（胸大肌、胸小肌、前锯肌、肋间肌等组成）构成。通常，男性只要通过3～4月的训练，就可明显的展示出胸部强健的形状，经过1～3年的训练就可以获得较为饱满的肌肉形态；而女性胸部因组织结构的特殊性，其训练的方法也有一定的独特性，但通过科学有效的胸部训练，女性的胸部也会越来越丰满，对改善体形、提升气质都会非常有帮助。

第一节　常见胸部固定器械练习技法

一、平板卧推器卧推练习

（一）锻炼部位

此练习主要锻炼胸大肌、肱三头肌和三角肌等肌肉。

（二）使用方法

1. 器械调整程序

调整横杆托高度→调整保护架高度→调整杠铃重量→开始练习。

2. 器械调整方法

（1）横杆托：调至锻炼者的手臂基本能伸直的高度。
（2）保护架：调至锻炼者仰卧位时胸部厚度基本齐高的位置。
（3）杠铃重量：调至锻炼者所能完成计划次数的重量。

（三）练习要领

锻炼者仰卧在平卧凳上，后脑、背部、臀部接触凳面，收紧腰部，下背部不可触及凳面，双手中握杠铃，虎口相对，双臂伸直将杠铃移离卧推架呈支撑状；然后，屈肘将杠铃下降置于乳头以上约1厘米处；以胸部肌群发力使杠铃向上推起成直臂支撑，呈胸廓挺起两肩下沉的姿势；稍停，缓慢将杠铃下放回原处。以此重复练习。（图2-1-1）

图2-1-1 平板卧推器卧推练习

（四）注意事项

（1）根据锻炼者习惯，可采用用力时吸气或用力时呼气的方式，但大重量时应憋气，并要控制好呼吸节奏。

（2）该练习适合于不同层次水平的锻炼者。

（3）杠铃放下还原时，动作应缓慢。

（4）初级练习者应加强保护与帮助。

二、史密斯机卧推练习

（一）锻炼部位

此练习主要锻炼胸大肌中部、肱三头肌和三角肌前束等肌肉。

（二）使用方法

1. 器械调整程序

调整横托→调整安全装置→调整杠铃重量→开始练习。

2. 器械调整方法

（1）横杆托：调至锻炼者的手臂基本能伸直的高度。
（2）安全装置：调至锻炼者仰卧状时胸部厚度基本齐高的位置。
（3）杠铃重量：调至锻炼者所能完成计划次数的重量。

（三）练习要领

锻炼者仰卧平卧凳上，后脑、背部、臀部接触凳面，收紧腹部，下背部不可触及凳面，双手中握杠铃，虎口相对，双臂伸直，将杠铃移离史密斯器呈支撑状；然后，屈肘将杠铃下降置于乳头以上约1厘米处；以胸部肌群的力量发力，使杠铃向上推起成直臂支撑，呈胸廓挺起两肩下沉的姿势；稍停，缓慢将杠铃下放回原处。以此重复练习。（图2–1–2）

图2–1–2　史密斯机卧推练习

（四）注意事项

（1）根据锻炼者习惯，可采取用力时吸气或用力时呼气的方式，但大重量时应憋气，并要控制好呼吸节奏。

（2）由于史密斯机设有特定的安全装置、安全系数，所以适合于不同等级的锻炼者。

（3）可采用哑铃凳代替平凳，调整角度进行上斜仰卧推举、下斜仰卧推举的练习。

（4）初级练习者应加强保护与帮助。

三、坐姿前推器前推练习

（一）锻炼部位

此练习主要锻炼胸大肌、肱三头肌等肌肉。

（二）使用方法

1. 器械调整程序

调整座椅高度→调整练习负荷→开始练习。

2. 器械调整方法

（1）座椅：调至锻炼者坐于座椅上时，握杆的位置在胸部的位置。

（2）负荷重量：调至锻炼者所能完成计划次数的重量。

（三）练习要领

锻炼者坐于凳面上，后脑、上背部、臀部紧贴凳面，收紧腹部，下背部不可触及凳面，双手握把，弯曲肘部向后侧充分扩胸；然后，用胸部肌

肉的收缩力量随器械运动轨迹前推至臂部伸直；稍停，缓慢将器械放回原位。以此重复练习。（图2-1-3）

图2-1-3　坐姿前推器前推练习

（四）注意事项

（1）根据锻炼者习惯，可采取用力时吸气或用力时呼气的方式，但大重量时应憋气，并要控制好呼吸节奏。

（2）该练习适合于不同层次水平的锻炼者。

（3）在练习过程中，可采用不同位置握把以锻炼胸部肌肉。

四、坐姿扩胸器夹胸练习

（一）锻炼部位

此练习主要锻炼胸大肌、三角肌前束等肌肉。

（二）使用方法

1. 器械调整程序

调整座椅高度→调整练习负荷→开始练习。

2. **器械调整方法**

（1）座椅：调至锻炼者坐于座椅时，握杆与肩部高度基本水平。

（2）练习负荷：调至锻炼者所能完成计划次数的重量。

（三）练习要领

锻炼者坐于凳面上，后脑、上背部、臀部紧贴凳面，收紧腰部，下背部不可触及凳面，肘部微屈，上臂与前臂约呈150° 夹角，双手握把；然后，用胸部肌肉的力量使两臂向前夹胸，直至接近两手相触；稍停，缓慢将器械放回原处。以此重复练习。（图2–1–4）

图2–1–4 坐姿扩胸器夹胸练习

（四）注意事项

（1）根据锻炼者习惯，可采取用力时吸气或用力时呼气的方式，但大重量时应憋气，并要控制好呼吸节奏。

（2）该练习适合于不同层次水平的锻炼者。

（3）在练习动作过程中，保持肩部放松，避免耸肩借力进行练习。

五、双杠臂屈伸练习

（一）锻炼部位

此练习主要锻炼胸大肌、肱三头肌等肌肉。

（二）使用方法

1. 器械调整程序

调整双杠→开始练习。

2. 器械调整方法

将双杠间距调至宽于锻炼者的肩部。

（三）练习要领

锻炼者双手握杆呈直臂支撑，挺胸，收腹，双腿屈膝并拢下垂；屈肘，臂部外展，身体下降至两肘弯曲且上臂与前臂夹角小于90°，充分拉长胸部肌肉；稍停，然后用胸部肌群力量伸直两臂，缓慢回到原位。以此重复练习。（图2–1–5）

图2-1-5 双杠臂屈伸练习

（四）注意事项

（1）根据锻炼者习惯，可采取用力时吸气或用力时呼气的方式，但要控制好呼吸节奏。

（2）练习过程中，不要借助身体前后摆动的力量完成动作，应保持身体固定。

（3）初级练习者应加强保护与帮助。

六、龙门架夹胸练习

（一）锻炼部位

此练习主要锻炼胸大肌、三角肌、肱二头肌等肌肉。

（二）使用方法

1. 器械调整程序

调整龙门架轮滑→调整手环→调整练习负荷→开始练习。

2. **器械调整方法**

（1）龙门架：将轮滑调至顶端。

（2）手环：选择合适的手环。

（3）练习负荷：调至锻炼者所能完成计划次数的重量。

（三）练习要领

锻炼者站立于龙门架中间，双脚前后站立、比肩略宽，抬头、挺胸、收腹，上体前屈，保持重心在前腿，双手各握手环，双眼正视前方；用胸部肌肉的力量做两臂由上至下的体前交叉于腹前；稍停，缓慢将器械放回原处。以此重复练习。（图2-1-6）

图2-1-6　龙门架夹胸练习

（四）注意事项

（1）根据锻炼者习惯，可采取用力时吸气或用力时呼气的方式，但大重量时应憋气，并要控制好呼吸节奏。

（2）该练习适合于不同层次水平的锻炼者。

（3）在练习过程中，可采取上肢前倾不同角度去进行锻炼，上体前倾

45° 练习胸大肌；上体前倾30° 练习胸大肌下部；上体前倾15° 练习胸大肌上部。

第二节 自由重量器械胸部常见练习技法

一、仰卧哑铃飞鸟练习

（一）锻炼部位

此练习主要锻炼胸大肌中部和三角肌前束等肌肉。

（二）使用方法

1. 器械调整程序

调整平凳→选择哑铃重量→开始练习。

2. 器械调整方法

（1）平凳：调至锻炼者身体能够平仰卧。

（2）哑铃重量：调至锻炼者所能完成计划次数的重量。

（三）练习要领

锻炼者平仰卧于平凳上，后脑、上背部、臀部紧贴凳面，收紧腰部，下背部不可触及凳面，双手各持铃，掌心相对，两臂伸直置于胸部正上方，挺胸沉肩；然后，双臂向体侧缓慢屈肘下落，保持两臂夹角约为120° ；稍停，由胸大肌的力量将两臂缓慢向上。以此重复练习。（图2-2-1）

图2-2-1 仰卧哑铃飞鸟练习

（四）注意事项

（1）根据锻炼者习惯，可采取用力时吸气或用力时呼气的方式，但大重量时应憋气，并要控制好呼吸节奏。

（2）该练习适合于不同层次水平的锻炼者。

（3）在练习过程中，两臂屈肘下降时速度应缓慢平稳。

（4）初级练习者应加强保护与帮助。

二、仰卧哑铃卧推练习

（一）锻炼部位

此练习主要锻炼胸大肌、肱三头肌和三角肌前束等肌肉。

（二）使用方法

1. 器械调整程序

调整平凳→选择哑铃重量→开始练习。

2. **器械调整方法**

（1）平凳：调至锻炼者的身体能够仰卧平行于地面。

（2）哑铃重量：调至锻炼者所能完成计划次数的重量。

（三）练习要领

锻炼者仰卧于平凳上，后脑、上背部、臀部紧贴凳面，收紧腰部，下背部不可触及凳面，双手各持铃，虎口相对，两臂伸直置于胸前正上方；屈肘将哑铃下降，至低于两侧胸部；稍停，以胸部肌肉的力量将哑铃向上推起。以此重复练习。（图2-2-2）

图2-2-2 仰卧哑铃卧推练习

（四）注意事项

（1）根据锻炼者习惯，可采取用力时吸气或用力时呼气的方式，但大重量时应憋气，并要控制好呼吸节奏。

（2）该练习适合于不同层次水平的锻炼者。

（3）练习过程中，两臂屈肘下降时速度应缓慢平稳。

（4）初级练习者应加强保护与帮助。

三、仰卧头后哑铃屈臂上拉练习

（一）锻炼部位

此练习主要锻炼胸大肌上部、三角肌前束等肌肉。

（二）使用方法

1. 器械调整程序

调整平凳→选择哑铃重量→开始练习。

2. 器械调整方法

（1）平凳：调至锻炼者的身体能够仰卧平行于地面。
（2）哑铃重量：调至锻炼者所能完成计划次数的重量。

（三）练习要领

锻炼者仰卧于平凳上，后脑、上背部、臀部紧贴凳面，收紧腰部，下背部不可触及凳面；两手掌交叉叠合共持铃，伸直臂部将哑铃置于胸部正上方；屈肘将哑铃下降置于头顶后侧；稍停，以胸部肌肉的力量将哑铃向上拉起成直臂。以此重复练习。（图2-2-3）

图2-2-3　仰卧头后哑铃屈臂上拉练习

（四）注意事项

（1）根据锻炼者习惯，可采取用力时吸气或用力时呼气的方式，并要控制好呼吸节奏。

（2）该练习适合于不同层次水平的锻炼者。

（3）练习过程中，屈肘下降时速度应缓慢平稳。

（4）初级练习者应加强保护与帮助

第三节　胸部器械锻炼课案与注意事项

一、胸部器械练习组合案例

（一）初级阶段锻炼（1～6个月锻炼龄）

1. 胸部增长肌肉锻炼方案（表2-3-1）

表2-3-1　胸部增肌初级阶段锻炼样例

序号	练习内容	锻炼部位	运动负荷	练习选择	备注
1	热身运动	全身	10～15分钟	有氧器械	
2	平板卧推器卧推	胸部	75%～80%×6～12次×2～3组	选2～3个练习	循环练习
	史密斯机卧推				
	坐姿前推器前推				
	坐姿扩胸器夹胸				

（续表）

序号	练习内容	锻炼部位	运动负荷	练习选择	备 注
	龙门架夹胸				
	双杠臂屈伸				
	仰卧哑铃飞鸟				
	仰卧哑铃卧推				
	仰卧头后哑铃屈臂上拉				
3	参考相关章节	背部	70%～80%×6～10次×1～2组	选1～2个练习	
4	参考相关章节	肩部	70%～80%×6～10次×1～2组	选1～2个练习	
5	参考相关章节	臂部	70%～80%×6～10次×1～2组	选1～2个练习	
6	参考相关章节	臀腿部	70%～80%×6～10次×1～2组	选1～2个练习	
7	参考相关章节	腰腹部	自重×15次以上×2～3组	选1～2个练习	
8	放松	全身	10～15分钟	拉伸练习	

说明：

（1）运动量栏中的“%”重量，是指此练习所能举起的1次的最大重量；初练者前2～3周的负重视各人情况自定，主要以掌握规范动作为主。

（2）重点的胸部锻炼需每周2～3次；其他非重点部位的锻炼每周1～2次，每次的锻炼可选择几个需要的部位进行。

（3）每个练习所负组数是指有效锻炼组数。

（4）所选择的练习动作需在3～4周后重新更换。

（5）在锻炼后的饮食中需增加比平时多1～1.5倍的高蛋白食物。

2. 胸部增长力量锻炼方案（表2-3-2）

表2-3-2 胸部增长力量初级阶段锻炼样例

序号	练习内容	锻炼部位	运动负荷	练习选择	备 注
1	热身运动	全身	10～15分钟	有氧器械	
2	参考表2-3-1中的2号练习内容	胸部	90%以上×1～5次×2～3组	选2～3个练习	循环练习
3	参考相关章节	背部	70%～80%×6～10次×1～2组	选1～2个练习	
4	参考相关章节	肩部	70%～80%×6～10次×1～2组	选1～2个练习	
5	参考相关章节	臂部	70%～80%×6～10次×1～2组	选1～2个练习	
6	参考相关章节	臀腿部	70%～80%×6～10次×1～2组	选1～2个练习	
7	参考相关章节	腰腹部	自重×15次以上×2～3组	选1～2个练习	
8	放松	全身	10～15分钟	拉伸练习	

说明：同表2-3-1中的说明。

3. 胸部减脂锻炼方案（表2–3–3）

表2–3–3　胸部减脂初级阶段锻炼样例

序号	练习内容	锻炼部位	运动负荷	练习选择	备 注
1	热身运动	全身	30～45分钟	有氧器械	
2	参考相关章节	背部	70%～80%×6～10次×1～2组	选1～2个练习	
3	参考相关章节	肩部	70%～80%×6～10次×1～2组	选1～2个练习	
4	参考相关章节	臂部	70%～80%×6～10次×1～2组	选1～2个练习	
5	参考相关章节	臀腿部	70%～80%×6～10次×1～2组	选1～2个练习	
6	参考相关章节	腰腹部	自重×15次以上×2～3组	选1～2个练习	
7	参考表2–3–1中的2号练习内容	胸部	60%以下×15次以上或至极限×2～3组	选2～3个练习	循环练习
8	放松	全身	10～15分钟	拉伸练习	

说明：

（1）运动量栏中的“%”重量、每个练习所负组数、所选择的练习更换等同表2–3–1中的说明。

（2）重点的胸部锻炼需每周4～5次；其他非重点部位的锻炼每周1～2次，每次的锻炼可选择几个需要的部位进行。

（3）此方案以男性锻炼为宜。

（4）锻炼后的饮食中需减少热能（脂肪和碳水化合物等）食物的摄入。

（二）中级阶段锻炼（6～12个月锻炼龄）

1. 胸部增长肌肉锻炼方案（表2-3-4）

表2-3-4　胸部增肌中级阶段锻炼样例

序号	练习内容	锻炼部位	运动负荷	练习选择	备注
1	热身运动	全身	10～15分钟	有氧器械	
2	参考表2-3-1中的2号练习内容	胸部	75%～85%×6～12次×2～3组	选3～4个练习	循环练习
3	参考相关章节	背部	70%～85%×6～10次×1～2组	选2～3个练习	
4	参考相关章节	肩部	70%～85%×6～10次×1-2组	选2～3个练习	
5	参考相关章节	臂部	70%～85%×6～10次×1-2组	选1～2个练习	
6	参考相关章节	臀腿部	70%～85%×6～10次×1-2组	选1～2个练习	
7	参考相关章节	腰腹部	自重×15次以上×2～3组	选2～3个练习	
8	放松	全身	10～15分钟	拉伸练习	

说明：

（1）运动量栏中的"%"重量是指此练习所能举起的1次的最大重量；中级阶段锻炼主要是在掌握动作的基础上开始塑造肌肉轮廓为主。

（2）重点的胸部锻炼需每周3～4次；其他非重点部位的锻炼每周2～3次，每次的锻炼可选择几个需要的部位进行。

（3）每个练习所负组数是指有效锻炼组数。

（4）所选择的练习需在3～4周后重新更换。

（5）在锻炼后的饮食中需增加比平时多1～1.5倍的高蛋白食物。

2. 胸部增长力量锻炼方案（表2-3-5）

表2-3-5　胸部增长力量中级阶段锻炼样例

序号	练习内容	锻炼部位	运动负荷	练习选择	备 注
1	热身运动	全身	10～15分钟	有氧器械	
2	参考表2-3-1中的2号练习内容	胸部	90%以上×1～5次×2～3组	选3～4个练习	循环练习
3	参考相关章节	背部	70%～85%×6～10次×1～2组	选2～3个练习	
4	参考相关章节	肩部	70%～85%×6～10次×1～2组	选2～3个练习	
5	参考相关章节	臂部	70%～85%×6～10次×1～2组	选2～3个练习	
6	参考相关章节	臀腿部	70%～85%×6～10次×1～2组	选2～3个练习	
7	参考相关章节	腰腹部	自重×15次以上×2～3组	选2～3个练习	
8	放松	全身	10～15分钟	拉伸练习	

说明： 同表2-3-4中的说明。

3. 胸部减脂锻炼方案（表2-3-6）

表2-3-6　胸部减脂中级阶段锻炼样例

序号	练习内容	锻炼部位	运动负荷	练习选择	备 注
1	热身运动	全身	30～45分钟	有氧器械	
2	参考相关章节	背部	70%～85%×6～10次×1～2组	选2～3个练习	
3	参考相关章节	肩部	70%～85%×6～10次×1～2组	选2～3个练习	
4	参考相关章节	臂部	70%～85%×6～10次×1～2组	选2～3个练习	
5	参考相关章节	臀腿部	70%～85%×6～10次×1～2组	选2～3个练习	
6	参考相关章节	腰腹部	自重×15次以上×2～3组	选2～3个练习	
7	参考表2-3-1中的2号练习内容	胸部	60%以下×15次以上或至极限×2～3组	选3～4个练习	循环练习
8	放松	全身	10～15分钟	拉伸练习	

说明：

（1）运动量栏中的“%”重量、每个练习所负组数、所选择的练习更换等同表2-3-4的说明。

（2）重点的胸部锻炼需每周3～4次；其他非重点部位的锻炼每周2～3次，每次的锻炼可选择几个需要的部位进行。

（3）此方案以男性锻炼为宜。

（4）锻炼后的饮食中需减少热能（脂肪和碳水化合物等）食物的摄入。

（三）高级阶段锻炼（1年以上锻炼龄）

1. 胸部增长肌肉锻炼方案（表2-3-7）

表2-3-7 胸部增肌高级阶段锻炼样例

序号	练习内容	锻炼部位	运动负荷	练习选择	备注
1	热身运动	全身	10～15分钟	有氧器械	
2	参考表2-3-1中的2号练习内容	胸部	80%～85%×6～12次×2～3组	选4～5个练习	循环练习
3	参考相关章节	背部	75%～85%×6～10次×1～2组	选3～4个练习	
4	参考相关章节	肩部	75%～85%×6～10次×1～2组	选3～4个练习	
5	参考相关章节	臂部	75%～85%×6～10次×1～2组	选3～4个练习	
6	参考相关章节	臀腿部	75%～85%×6～10次×1～2组	选3～4个练习	
7	参考相关章节	腰腹部	自重×15次以上×2～3组	选3～4个练习	
8	放松	全身	10～15分钟	拉伸练习	

说明：

（1）运动量栏中的“%”重量是指此练习所能举起的1次的最大重量；高级阶段锻炼在熟练运用各种训练方法后，以使身体各部位轮廓愈加明显、肌肉与肌肉之间的横纹沟理更清晰为主。

（2）重点的胸部锻炼需每周4～5次；其他非重点部位的锻炼每周3～4次，每次的锻炼可选择几个需要的部位进行。

（3）每个练习所负组数是指有效锻炼组数。

（4）所选择的练习动作需在3～4周后重新更换。

（5）在锻炼后的饮食中需增加比平时多1～1.5倍的高蛋白食物。

2. 胸部增长力量锻炼方案（表2–3–8）

表2–3–8　胸部增长力量高级阶段锻炼样例

序号	练习内容	锻炼部位	运动负荷	练习选择	备 注
1	热身运动	全身	10～15分钟	有氧器械	
2	参考表2–3–1中的2号练习内容	胸部	90%以上×1～5次×2～3组	选4～5个练习	循环练习
3	参考相关章节	背部	75%～85%×6～10次×1～2组	选3～4个练习	
4	参考相关章节	肩部	75%～85%×6～10次×1～2组	选3～4个练习	
5	参考相关章节	臂部	75%～85%×6～10次×1～2组	选3～4个练习	
6	参考相关章节	臀腿部	75%～85%×6～10次×1～2组	选3～4个练习	
7	参考相关章节	腰腹部	自重×15次以上×2～3组	选3～4个练习	
8	放松	全身	10～15分钟	拉伸练习	

说明：同表2–3–7中的说明。

3. 胸部减脂锻炼方案（表2-3-9）

表2-3-9　胸部减脂高级阶段锻炼样例

序号	练习内容	锻炼部位	运动负荷	练习选择	备注
1	热身运动	全身	30～45分钟	有氧器械	
2	参考相关章节	背部	75%～85%×6～10次×1～2组	选3～4个练习	
3	参考相关章节	肩部	75%～85%×6～10次×1～2组	选3～4个练习	
4	参考相关章节	臂部	75%～85%×6～10次×1～2组	选3～4个练习	
5	参考相关章节	臀腿部	75%～85%×6～10次×1～2组	选3～4个练习	
6	参考相关章节	腰腹部	自重×15次以上×2～3组	选3～4个练习	
7	参考表2-3-1中的2号练习内容	胸部	60%以下×15次以上或至极限×2～3组	选3～4个练习	循环练习
8	放松	全身	10～15分钟	拉伸练习	

说明：

（1）运动量栏中的“%”重量、每个练习所负组数、所选择的练习更换等同表2-3-7的说明。

（2）重点的胸部锻炼需每周4～5次；其他非重点部位的锻炼每周3～4次，每次的锻炼可选择几个需要的部位进行。

（3）此方案以男性锻炼为宜。

（4）锻炼后的饮食中需减少热能（脂肪和碳水化合物等）食物的摄入。

二、胸部器械锻炼注意事项

（一）热身与放松

1. 锻炼前的热身方式

器械锻炼前的热身活动可分为一般性热身和专门性热身。
（1）一般性热身活动：慢跑类、关节活动类、徒手操等。
（2）专门性热身活动：徒手练习（俯卧撑）、拉伸胸部肌群等。

2. 锻炼后的放松方式

（1）一般性放松活动：慢跑类（抖动双臂主动放松胸部肌肉）。
（2）拉伸放松活动：十指背后交握、手撑门框等。
（3）按摩放松活动：推摩、擦摩、揉、按压等。

（二）保护与帮助

保护与帮助是器械锻炼过程中的特点之一，同时是预防运动损伤的重要安全措施，故要求锻炼者了解和熟悉锻炼技法，达到促进身心健康和改变形体目标的同时，又可以避免运动损伤。

1. 保护

自我保护和他人保护。

2. 帮助

（1）直接帮助：仰卧推举可采用“扶”、坐姿器械前推可采用“拉”、仰卧哑铃飞鸟可采用“推”等。

（2）间接帮助：短字语言、数字、口令等。

思考题：

1. 简述胸部的主要肌肉。
2. 简述3～5个胸部固定器械练习方法。
3. 简述3～5个自由重量器械胸部常见练习方法。
4. 简述某运动水平的胸部锻炼方法及注意事项。

第三章

背部器械锻炼技法

本章节主要介绍常见背部固定器械练习、自由重量器械背部常见练习等技法。同时，针对背部减肥、增长肌肉和增加力量等不同锻炼者的目的，专门设计了背部器械锻炼的初级、中级、高级等运动水平课案供读者选用或参考。

强健的背部是体现挺拔人体形态和个体气质的重要因素。而且，经常进行背部肌肉的锻炼对改善身体形态、展示自我气质、矫正驼背等体态疾患都会有着良好的作用。同时，背部肌肉在身体运动的过程中起着关键作用。强有力的背部肌肉，就像脊柱强有力的保护伞，有助于维持及增强动作的稳定性。在平时的训练与健身练习过程中，通过对背部肌肉的锻炼可有效避免因错误动作或者力量不足引起的运动损伤。并且，加强对背部肌肉的锻炼，不仅可以提高自身的身体素质，还可促使体质测试的“引体向上”项目成绩提高。然而，要想快速地增强背部肌群和力量，并塑造出挺拔的诱人体态，采用器械锻炼的手段是极为明智的选择。

第一节　常见背部固定器械练习技法

一、坐姿下拉器下拉挺胸练习

（一）锻炼部位

此练习主要锻炼背阔肌、大圆肌、小圆肌、冈上肌等肌肉。

（二）使用方法

1. 器械调整程序

调整大腿托的高度→调整负荷重量→开始练习。

2. 器械调整方法

（1）大腿托：调至锻炼者大腿可固定于大腿托下方并趋于平行地面。
（2）负荷重量：调至锻炼者所能完成计划次数的重量。

（三）练习要领

锻炼者面向器械坐姿，挺胸收腹，大腿贴紧大腿托，两臂伸直上举，两手分别正握头上方练习器握把；随即吸气，用上背部肌群的收缩力量将杆下拉至胸前，上身后仰约45° 角；稍停，再缓慢地将动作还原。以此重复练习。（图3-1-1）

图3-1-1 坐姿下拉器下拉挺胸练习

（四）注意事项

（1）动作练习过程中，要避免牵引时两臂用力不均衡、猛拉或突然性还原动作，避免臂部肌群主动用力。

（2）动作练习过程中，用力时呼气，要控制好呼吸节奏，使动作能够平稳过渡。

（3）下压练习过程中，胸部主动向杆靠使身体成弓形，注意力集中在肘关节向后下方移动。

二、坐姿杆式划船器划船练习

（一）锻炼部位

此练习主要锻炼背阔肌、大圆肌、小圆肌、竖脊肌等肌肉。

（二）使用方法

1. 器械调整程序

调整挡板前后距离→调整座椅→调整负荷重量→开始练习。

2. 器械调整方法

（1）挡板：调整挡板至锻炼者手臂伸直后能够握住划船器握把。
（2）座椅：调整座椅至锻炼者面对靠板后，其上缘低于肩部高度。
（3）负荷重量：调至锻炼者所能完成计划次数的重量。

（三）练习要领

锻炼者面向器械坐姿，胸部紧贴靠板护垫，双脚自然地放置于器械的两侧，两臂伸直，呈挺胸收腹、直腰姿势，双手各握器械握把的两端；然后，用背部肌群的力量将拉杆拉至近胸，抬头挺胸，身体后仰呈弓形；稍停，缓慢地将器械还原。以此重复练习。（图3–1–2）

图3–1–2　坐姿杆式划船器划船练习

（四）注意事项

（1）动作练习过程中，下胸部切勿离开靠板；两臂不要主动用力，只能靠背部肌群的收缩力完成动作。

（2）用力向后拉时吸气或者呼气，要控制好呼吸节奏；减少臂部肌肉用力。

（3）该练习适合于不同层次水平的锻炼者。

三、坐姿扩胸器后展臂练习

（一）锻炼部位

此练习主要锻炼背阔肌、斜方肌、三角肌等肌肉。

（二）使用方法

1. 器械调整程序

调整座椅高度→调整坐姿扩胸器握把→调整负荷量→开始练习。

2. 器械调整方法

（1）座椅高度：调至锻炼者坐下后小腿垂直地面的高度。

（2）坐姿扩胸器握把：调至锻炼者面向器械坐姿时胸部正前方位置。

（3）负荷重量：调至锻炼者所能完成计划次数的重量。

（三）练习要领

锻炼者坐姿，呈挺胸、收腹、紧腰、手臂微屈姿势，胸部紧贴座椅靠板，双手背向握住器械握把；然后，用背部肌群的力量做扩胸侧平举至最大限度，后背充分收夹；稍停，缓慢地将器械还原。以此重复练习。（图3–1–3）

图3-1-3　坐姿扩胸器后展臂练习

（四）注意事项

（1）动作练习过程中，主要用背部力量向后收缩，避免手臂主动用力。
（2）动作练习过程中，身体不要前倾借力完成动作。
（3）动作过程中，用力向后时吸气，还原时呼气，注意控制好呼吸节奏。
（4）该练习适合于不同层次水平的锻炼者。

四、龙门架站立背后臂收夹练习

（一）锻炼部位

此练习主要锻炼背阔肌、三角肌后束等肌肉。

（二）使用方法

1. 器械调整程序

调整龙门架滑轮→调整负荷重量→开始练习。

2. **器械调整方法**

（1）龙门架滑轮：调整龙门架滑轮至与锻炼者肩平行高度。

（2）负荷量：调至锻炼者所能完成计划次数的重量。

（三）练习要领

锻炼者面向龙门架站立，两脚左右分开，与肩同宽，上体正直，挺胸收腹，两手握器械手环呈侧平举姿势；然后，背部肌群发力，斜方肌收紧向后下方拉至下背部；稍停，缓慢地将动作还原。以此重复练习。（图3-1-4）

图3-1-4　龙门架站立背后臂收夹练习

（四）注意事项

（1）动作练习过程中，锻炼者需要站在龙门架中间位，着力点在背部肌群上。

（2）动作过程中，用力向后时吸气，还原时呼气，注意控制好呼吸节奏。

五、助力引体器引体向上练习

（一）锻炼部位

此练习主要锻炼背阔肌、肱二头肌等肌肉。

（二）使用方法

1. 器械调整程序

调整助力平凳→选择负荷重量→开始练习。

2. 器械调整方法

（1）助力平凳：调至锻炼者跪于平凳时，两小腿平行于地面。

（2）负荷重量：选择锻炼者所能完成计划次数的重量。

（三）练习要领

锻炼者跪于助力平凳上，双臂握把，两手宽窄握距均可，伸直手臂使背阔肌向下充分伸长；随即吸气，集中以背部肌群的力量屈臂引体上升至胸前，使之接近握杆，稍停2～3秒；然后，呼气，以背阔肌的收缩力控制让身体缓慢下降还原。以此重复练习。（图3-1-5）

图3-1-5　助力引体器引体向上练习

（四）注意事项

（1）调整好助力的重量，将身体拉引至最高点后身体呈弓形。

（2）动作练习过程中，意念要集中在背部肌群上，身体不要前后摆动利用惯性给予助力；全身下垂时，肩胛部要放松，使背阔肌群充分伸长。

（3）用力向上拉时吸气，还原时呼气，要控制好呼吸的节奏；减少臂部肌肉用力。

（4）该练习适合于不同层次水平的锻炼者。

第二节　自由重量器械背部常见练习技法

一、俯立哑铃飞鸟练习

（一）锻炼部位

此练习主要锻炼上背部肌群、三角肌等肌肉。

（二）使用方法

哑铃：选择锻炼者所能完成计划次数的重量。

（三）练习要领

锻炼者俯立，两脚分开，比肩略宽，微屈膝，屈体向前至上体趋于与地面平行，背部收紧，保持平直，两手持铃，肘关节微屈，自然下垂于腿前；然后，持哑铃向两侧举起，至与肩平齐或略高，稍停，缓慢地将动作还原。以此重复练习。（图3-2-1）

图3-2-1 俯立哑铃飞鸟练习

（四）注意事项

（1）根据锻炼者习惯，可采取用力时吸气或用力时呼气的方式，但进行大重量锻炼时应憋气，并要控制好呼吸节奏。

（2）动作练习过程中，避免手臂主动发力；保持躯干固定。

（3）该练习适合于不同层次水平的锻炼者。

二、单跪撑单臂划船练习

（一）锻炼部位

此练习主要锻炼背阔肌、肱二头肌等肌肉。

（二）使用方法

（1）平凳：调至平行于地面。

（2）哑铃重量：选择锻炼者所能完成计划次数的重量。

（三）练习要领

锻炼者单腿跪于平凳上，同侧手撑在凳面上，头部、上背部、臀部保持一条直线，上身平行于地面；异侧单手持哑铃，臂自然下垂，腿伸直支撑于地面；然后，单臂屈肘把哑铃向腿侧提起至高于躯干；稍停，缓慢地将哑铃放下。两臂交替，以此重复练习。（图3-2-2）

图3-2-2　单跪撑单臂划船练习

（四）注意事项

（1）根据锻炼者的习惯，可采取用力时吸气或用力时呼气的方式，但进行大重量锻炼时应憋气，并要控制好呼吸节奏。

（2）动作练习过程中，保持身体水平姿态；避免前臂肌群助力。

（3）该练习适合于不同层次水平的锻炼者。

三、俯立小杠铃胸前提拉练习

（一）锻炼部位

此练习主要锻炼上背部肌群、三角肌、斜方肌等。

（二）使用方法

杠铃：选择锻炼者所能完成计划次数的重量。

（三）练习要领

锻炼者俯立，两脚分开，比肩略宽，微屈膝，屈体向前至上体趋于与地面平行，两手中握距正握横杆，手握杠铃自然下垂于腿前；吸气，持杠铃贴身提起至胸前；稍停，缓慢将杠铃下放回原位。以此重复练习。（图3-2-3）

图3-2-3　俯立小杠铃胸前提拉练习

（四）注意事项

（1）根据锻炼者的习惯，可采取用力时吸气或用力时呼气的方式，但进行大重量锻炼时应憋气，并要控制好呼吸节奏。

（2）动作练习过程中，两肘应尽量上提，保持上体固定，两肘尖向上。

（3）该练习适合于不同层次水平的锻炼者。

四、俯立小杠铃腰间提拉练习

（一）锻炼部位

此练习主要锻炼下背部肌群、斜方肌等。

（二）使用方法

杠铃：选择锻炼者所能完成计划次数的重量。

（三）练习要领

锻炼者俯立，两脚自然分开，比肩略宽，微屈膝，屈体向前至上体趋于与地面平行，两手中握距正握横杆，双手自然下垂于腿前；吸气，持杠铃贴身提起至腹部；稍停，缓慢将杠铃放回原位。以此重复练习。（图3-2-4）

图3-2-4　俯立小杠铃腰间提拉练习

（四）注意事项

（1）根据锻炼者习惯，可采取用力时吸气或用力时呼气的方式，但进行大重量锻炼时应憋气，并要控制好呼吸节奏。

（2）动作练习过程中，两肘应尽量上提，保持上体固定、两肘尖向上。

（3）该练习适合于不同层次水平的锻炼者。

五、俯立小杠铃划船练习

（一）锻炼部位

此练习主要锻炼背阔肌、斜方肌等肌肉。

（二）使用方法

杠铃：选择锻炼者所能完成计划次数的重量。

（三）练习要领

锻炼者俯立，双脚自然分开，上体保持挺胸、收腹、立腰姿势，两手背向前握住横杆，两手间距为一个手掌宽的距离，手握杠铃自然下垂于腿前；吸气，先持杠铃贴身提起至腹前，稍后提至胸前；稍停，缓慢将杠铃放回原位。以此重复练习。（图3-2-5）

图3-2-5　俯立小杠铃划船练习

（四）注意事项

（1）根据锻炼者的习惯，可采取用力时吸气或用力时呼气的方式，但进行大重量锻炼时应憋气，并要控制好呼吸节奏。

（2）该练习适合于不同层次水平的锻炼者。

第三节　背部器械锻炼课案与注意事项

一、背部器械练习组合案例

（一）初级阶段锻炼（1～6个月锻炼龄）

1. 背部增长肌肉锻炼方案（表3-3-1）

表3-3-1　背部增肌初级阶段锻炼样例

序号	练习内容	锻炼部位	运动负荷	练习选择	备注
1	热身运动	全身	10～15分钟	有氧器械	
2	坐姿下拉器下拉挺胸 坐姿杆式划船器划船 坐姿扩胸器后展臂 龙门架站立背后臂收夹 助力引体器引体向上 俯立哑铃飞鸟 俯立小杠铃划船	背部	75%～80%×6～12次×2～3组	选2～3个练习	循环练习

（续表）

序号	练习内容	锻炼部位	运动负荷	练习选择	备注
	俯立小杠铃腰间提拉				
	俯立小杠铃胸前提拉				
	单跪撑单臂划船				
3	参考相关章节	胸部	70%~80%×6~10次×1~2组	选1~2个练习	
4	参考相关章节	肩部	70%~80%×6~10次×1~2组	选1~2个练习	
5	参考相关章节	臂部	70%~80%×6~10次×1~2组	选1~2个练习	
6	参考相关章节	臀腿部	70%~80%×6~10次×1~2组	选1~2个练习	
7	参考相关章节	腰腹部	自重×15次以上×2~3组	选1~2个练习	
8	放松	全身	10~15分钟	拉伸练习	

说明：

（1）运动量栏中的“%”重量，是指此练习所能举起的1次的最大重量；初练者前2~3周的负重视各人情况自定，主要以掌握规范动作为主。

（2）重点的背部锻炼需每周2~3次；其他非重点部位的锻炼每周1~2次，每次的锻炼可选择几个需要的部位进行。

（3）每个练习所负组数是指有效锻炼组数。

（4）所选择的练习需在3~4周后重新更换。

（5）在锻炼后的饮食中需增加比平时多1~1.5倍的高蛋白食物。

2. 背部增长力量锻炼方案（表3-3-2）

表3-3-2　背部增长力量初级阶段锻炼样例

序号	练习内容	锻炼部位	运动负荷	练习选择	备 注
1	热身运动	全身	10～15分钟	有氧器械	
2	参考表3-3-1中的2号练习内容	背部	90%以上×1～5次×2～3组	选2～3个练习	循环练习
3	参考相关章节	胸部	70%～80%×6～10次×1～2组	选1～2个练习	
4	参考相关章节	肩部	70%～80%×6～10次×1～2组	选1～2个练习	
5	参考相关章节	臂部	70%～80%×6～10次×1～2组	选1～2个练习	
6	参考相关章节	臀腿部	70%～80%×6～10次×1～2组	选1～2个练习	
7	参考相关章节	腰腹部	自重×15次以上×2～3组	选1～2个练习	
8	放松	全身	10～15分钟	拉伸练习	

3.背部减脂锻炼方案（表3-3-3）

表3-3-3　背部减脂初级阶段锻炼样例

序号	练习内容	锻炼部位	运动负荷	练习选择	备注
1	热身运动	全身	10～15分钟	有氧器械	
2	参考相关章节	胸部	70%～80%×6～10次×1～2组	选1～2个练习	
3	参考相关章节	肩部	70%～80%×6～10次×1～2组	选1～2个练习	
4	参考相关章节	臂部	70%～80%×6～10次×1～2组	选1～2个练习	
5	参考相关章节	臀腿部	70%～80%×6～10次×1～2组	选1～2个练习	
6	参考相关章节	腰腹部	自重×15次以上×2～3组	选1～2个练习	
7	参考表3-3-1中的2号练习内容	背部	60%以下×15次以上或至极限×2～3组	选2～3个练习	循环练习
8	放松	全身	10～15分钟	拉伸练习	

说明：

（1）运动量栏中的“%”重量、每个练习所负组数、所选择的练习更换等同表3-3-1的说明。

（2）重点的背部锻炼需每周4～5次；其他非重点部位的锻炼每周1～2次，每次的锻炼可选择几个需要的部位进行。

（3）锻炼后的饮食中需减少热能（脂肪和碳水化合物等）食物的摄入。

（二）中级阶段锻炼（6～12个月锻炼龄）

1. 背部增长肌肉锻炼方案（表3-3-4）

表3-3-4 背部增肌中级阶段锻炼样例

序号	练习内容	锻炼部位	运动负荷	练习选择	备注
1	热身运动	全身	10～15分钟	有氧器械	
2	参考表3-3-1中的2号练习内容	背部	75%～85%×6～12次×2～3组	选2～3个练习	循环练习
3	参考相关章节	胸部	70%～80%×6～10次×1～2组	选1～2个练习	
4	参考相关章节	肩部	70%～80%×6～10次×1～2组	选1～2个练习	
5	参考相关章节	臂部	70%～80%×6～10次×1～2组	选1～2个练习	
6	参考相关章节	臀腿部	70%～80%×6～10次×1～2组	选1～2个练习	
7	参考相关章节	腰腹部	自重×15次以上×2～3组	选1～2个练习	
8	放松	全身	10～15分钟	拉伸练习	

说明：

（1）运动量栏中的"%"重量，是指此练习所能举起的1次的最大重量；中级锻炼者负重视各人情况自定，主要是在掌握动作的基础上塑造肌肉轮廓为主。

（2）重点的背部锻炼需每周2～3次；其他非重点部位的锻炼每周1～2次，每次的锻炼可选择几个需要的部位进行。

（3）每个练习所负组数是指有效锻炼组数。

（4）所选择的练习需在3～4周后重新更换。

（5）在锻炼后的饮食中需增加比平时多1～1.5倍的高蛋白食物。

2.背部增长力量锻炼方案（表3-3-5）

表3-3-5　背部增长力量中级阶段锻炼样例

序号	练习内容	锻炼部位	运动负荷	练习选择	备注
1	热身运动	全身	10～15分钟	有氧器械	
2	参考表3-3-1中的2号练习内容	背部	90%以上×1～5次×2～3组	选2～3个练习	循环练习
3	参考相关章节	胸部	70%～80%×6～10次×1～2组	选1～2个练习	
4	参考相关章节	肩部	70%～80%×6～10次×1～2组	选1～2个练习	
5	参考相关章节	臂部	70%～80%×6～10次×1～2组	选1～2个练习	
6	参考相关章节	臀腿部	70%～80%×6～10次×1～2组	选1～2个练习	
7	参考相关章节	腰腹部	自重×15次以上×2～3组	选1～2个练习	
8	放松	全身	10～15分钟	拉伸练习	

3. 背部减脂锻炼方案（表3-3-6）

表3-3-6　背部减脂中级阶段锻炼样例

序号	练习内容	锻炼部位	运动负荷	练习选择	备注
1	热身运动	全身	10～15分钟	有氧器械	
2	参考相关章节	胸部	70%～80%×6～10次×1～2组	选1～2个练习	
3	参考相关章节	肩部	70%～80%×6～10次×1～2组	选1～2个练习	
4	参考相关章节	臂部	70%～80%×6～10次×1～2组	选1～2个练习	
5	参考相关章节	腿部	70%～80%×6～10次×1～2组	选1～2个练习	
6	参考相关章节	腰腹部	自重×15次以上×2～3组	选1～2个练习	
7	参考表3-3-1中的2号练习内容	背部	60%以下×20次以上或至极限×2～3组	选2～3个练习	循环练习
8	放松	全身	10～15分钟	拉伸练习	

说明：

（1）运动量栏中的“%”重量、每练习所负组数、所选择的练习更换等同表3-3-1的说明。

（2）重点的胸部锻炼需每周4～5次；其他非重点部位的锻炼每周1～2次，每次的锻炼可选择几个需要的部位进行。

（3）锻炼后的饮食中需减少热能（脂肪和碳水化合物等）食物的摄入。

（三）高级阶段锻炼（1年以上锻炼龄）

1. 背部增长肌肉锻炼方案（表3–3–7）

表3–3–7　背部增肌高级阶段锻炼样例

序号	练习内容	锻炼部位	运动负荷	练习选择	备注
1	热身运动	全身	10～15分钟	有氧器械	
2	参考表3–3–1中的2号练习内容	背部	80%～85%×6～12次×2～3组	选2～3个练习	循环练习
3	参考相关章节	胸部	70%～80%×6～10次×1～2组	选1～2个练习	
4	参考相关章节	肩部	70%～80%×6～10次×1～2组	选1～2个练习	
5	参考相关章节	臂部	70%～80%×6～10次×1～2组	选1～2个练习	
6	参考相关章节	腿部	70%～80%×6～10次×1～2组	选1～2个练习	
7	参考相关章节	腰腹部	自重×15次以上×2～3组	选1～2个练习	
8	放松	全身	10～15分钟	拉伸练习	

说明：

（1）运动量栏中的“%”重量，是指此练习所能举起的1次的最大重量；高级阶段锻炼在熟练运用各种训练方法后，以使身体各部位轮廓愈加明显、肌肉与肌肉之间的横纹沟理更清晰为主。

（2）重点的背部锻炼需每周2～3次；其他非重点部位的锻炼每周1～2次，每次的锻炼可选择几个需要的部位进行。

（3）每个练习所负组数是指有效锻炼组数。

（4）所选择的练习需在3～4周后重新更换。

（5）在锻炼后的饮食中需增加比平时多1～1.5倍的高蛋白食物。

2. 背部增长力量锻炼方案（见表3-3-8）

表3-3-8　背部增长力量高级阶段锻炼样例

序号	练习内容	锻炼部位	运动负荷	练习选择	备 注
1	热身运动	全身	10～15分钟	有氧器械	
2	参考表3-3-1中的2号练习内容	背部	90%以上×1～5次×2～3组	选2～3个练习	循环练习
3	参考相关章节	胸部	70%～80%×6～10次×1～2组	选1～2个练习	
4	参考相关章节	肩部	70%～80%×6～10次×1～2组	选1～2个练习	
5	参考相关章节	臂部	70%～80%×6～10次×1～2组	选1～2个练习	
6	参考相关章节	腿部	70%～80%×6～10次×1～2组	选1～2个练习	
7	参考相关章节	腰腹部	自重×15次以上×2～3组	选1～2个练习	
8	放松	全身	10～15分钟	拉伸练习	

3. 背部减脂锻炼方案（表3-3-9）

表3-3-9　背部减脂高级阶段锻炼样例

序号	练习内容	锻炼部位	运动负荷	练习选择	备注
1	热身运动	全身	10～15分钟	有氧器械	
2	参考相关章节	胸部	70%～80%×6～10次×1～2组	选1～2个练习	
3	参考相关章节	肩部	70%～80%×6～10次×1～2组	选1～2个练习	
4	参考相关章节	臂部	70%～80%×6～10次×1～2组	选1～2个练习	
5	参考相关章节	腿部	70%～80%×6～10次×1～2组	选1～2个练习	
6	参考相关章节	腰腹部	自重×15次以上×2～3组	选1～2个练习	
7	参考表3-3-1中的2号练习内容	背部	60%以下×25次以上或至极限×2～3组	选2～3个练习	循环练习
8	放松	全身	10～15分钟	拉伸练习	

说明：

（1）运动量栏中的“%”重量、每个练习所负组数、所选择的练习更换等同表3-3-1的说明。

（2）重点的背部锻炼需每周4～5次；其他非重点部位的锻炼每周1～2次，每次的锻炼可选择几个需要的部位进行。

（3）锻炼后的饮食中需减少热能（脂肪和碳水化合物等）食物的摄入。

二、背部器械锻炼注意事项

（一）女性背部肌群锻炼各阶段安排

初期主要以掌握正确的锻炼背部的练习动作要领和改变背部的形状为主，形成良好的形体；中期巩固训练后所得的体形，使肌肉坚实而富有弹性，胸部更为丰满挺拔，更体现出女性的“曲线美”；后期应主要以加强背部重点肌肉群的锻炼为主。在各个阶段锻炼中，要注意背部各肌群的均衡发展。

（二）男性背部肌群锻炼各阶段安排

从背阔肌的训练着手，先使其宽厚和形成良好的体形，后期再根据各人的背部肌肉发展的特点合理安排重点锻炼部位。

（三）锻炼频次安排

不论男女，发展肌肉的最佳锻炼次数都是每组8～12次；如果着重减脂者，次数可多些；如果着重在发展力量者，次数应少于8次。

思考题：

1. 简述背部的主要肌肉。
2. 简述3～5个背部固定器械练习方法。
3. 简述3～5个自由重量器械背部常见练习方法。
4. 简述某运动水平的背部锻炼方法及注意事项。

第四章

腰腹部器械锻炼技法

本章节主要介绍常见腰腹部固定器械练习、自由重量器械腰腹部常见练习等技法。同时，针对腰腹部减肥、增长肌肉和增加力量等不同锻炼者的目的，专门设计了腰腹部器械锻炼的初级、中级、高级等运动水平课案供读者选用或参考。

“直腰板”“马甲线”“A4纸”等目标是当前社会青年男女对完美腰腹部的狂热追捧写照。孰不知，要想实现这些目标，选用合适的器械对腰腹部肌群进行艰苦锻炼是极为有效的方式和方法。因为，加强腰腹部肌群的锻炼能够有效增强身体活动的稳定性；缓解腰部慢性疾病；促进呼吸系统机能的提高；同时，刺激腹部血液循环，从而更好地保护人体腹腔内的脏器，有效提高消化机能水平。而且，腰腹部肌群还承接和支撑着上下体的重任。因而，对腰腹部肌群的器械锻炼，不仅可增强脊柱的稳定性，还能有效预防紧急碰撞产生损伤的概率。故在学习、工作之余，选用适宜的器械随时随地进行腰腹部的锻炼，会是个不错的选择。

第一节　常见腰腹部固定器械练习技法

一、可调式腹肌板仰卧团身练习

（一）锻炼部位

此练习主要锻炼上腹部肌群。

（二）使用方法

1. 器械调整程序

调整斜板→开始练习。

2. 器械调整方法

将斜板调整至锻炼者所需角度。

（三）练习要领

锻炼者身体仰卧于斜板上（调节斜板为30° 或45° ），双手贴于耳边，双脚置于固定器上，脚背紧贴海绵轴，含胸抬上体至与斜板成45° 夹角；稍停顿2～3秒，缓慢回原位。以此重复练习。（图4–1–1）

图4–1–1 可调式腹肌板仰卧团身练习

（四）注意事项

（1）用力收腹时吸气，还原时呼气，注意控制好呼吸节奏。

（2）上体抬起时注意含胸，展腹还原时动作缓慢。

（3）该练习适合于不同层次水平的锻炼者。

二、跪姿腰部扭转器扭腰练习

（一）锻炼部位

此方法主要锻炼腰腹部肌群。

（二）使用方法

1. 器械的调整程序

选择合适的跪姿体位→调整重量→开始练习。

2. 器械调整方法

（1）垫板：调整垫板置于锻炼者胸部正前方位置。
（2）重量：调至锻炼者所能完成计划次数的重量。

（三）练习要领

锻炼者跪于垫上，抬头，挺胸，保持身体直立，扭转腰腹部，两手握把，胸口紧贴于靠板；然后，缓慢做扭腰转体动作；稍停，缓慢还原。以此重复练习。（图4–1–2）

图4–1–2 跪姿腰部扭转器扭腰练习

（四）注意事项

（1）胸口紧贴于靠板上，扭腰动作要缓慢、不宜过快，转体幅度不宜过大。

（2）练习时自由呼吸，但要控制好呼吸的节奏。

（3）该练习适合于不同层次水平的锻炼者。

三、坐姿腰腹团展器展体练习

（一）锻炼部位

此练习主要锻炼腹部肌群。

（二）使用方法

1. 器械调整程序

调整坐凳→调整重量→调整幅度→开始练习。

2. 器械调整方法

（1）坐凳：调至锻炼者坐于座椅时，海绵轴位于中背部的高度。

（2）重量：调至锻炼者所能完成计划次数的重量。

（3）幅度：调至锻炼者适宜的上体团展幅度。

（三）练习要领

锻炼者坐姿，上体前倾使中背部紧靠器械阻力海绵轴，两脚掌置于器械踩板上，两手放置于腿上；依靠腰部肌群的力量尽力使身体后仰至最大限度，稍停2～3秒，缓慢回原位。以此重复练习。（图4–1–3）

图4-1-3　坐姿腰腹团展器展体练习

（四）注意事项

（1）练习时自然呼吸，但要控制好呼吸的节奏。

（2）动作过程中，手臂不要用力下压，背部不要离开器械阻力护垫。

（3）身体后仰动作要缓慢且始终保持背部肌肉发力。

（4）该练习适合于不同层次水平的锻炼者。

四、坐姿腰腹团展器团身练习

（一）锻炼部位

此练习主要锻炼腹部肌群。

（二）使用方法

1. 器械调整程序

选择合适的坐姿体位→开始练习。

2. 器械调整方法

根据各自运动能力选择重量。

（三）练习要领

锻炼者坐姿，双手紧贴胸前海绵轴，两脚自然放于器械踩板上，使腹肌尽量伸展；然后，用腹部力量使身体向下团身，稍停2～3秒，缓慢回原位。以此重复练习。（图4–1–4）

图4–1–4 坐姿腰腹团展器团身练习

（四）注意事项

（1）用力收腹时自然呼吸，但要控制好呼吸的节奏。
（2）在展腹还原时，动作要缓慢，控制上体。
（3）该练习适合于不同层次水平的锻炼者。

第二节 自由重量器械腰腹部常见练习技法

一、平凳仰卧团身练习

（一）锻炼部位

此练习主要锻炼上腹部肌群。

（二）练习要领

锻炼者仰卧在平凳上，两手放松贴于耳边，弯曲双腿约至90°并放于平凳上；含胸，缓慢团身抬起上体，保持下背部不可离开平凳；稍停2～3秒，缓慢回原位，保持上背部不可贴靠平凳。以此重复练习。（图4-2-1）

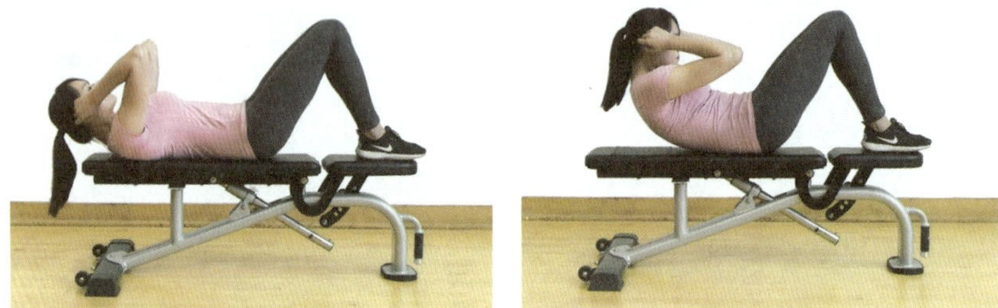

图4-2-1　平凳仰卧团身练习

（三）注意事项

（1）用力收腹时自由呼吸，但要控制好呼吸的节奏。
（2）团身时尽量向胸部靠，并稍微含胸。
（3）在动作练习中，展腹还原时动作保持缓慢。
（4）该练习适合于不同层次水平的锻炼者。

二、平凳仰卧举腿练习

（一）锻炼部位

此练习主要锻炼腹部肌群。

（二）练习要领

锻炼者仰卧于平凳上，两腿向上，膝关节微屈，双手平放在身体两侧凳面上，或握住凳子边缘，保持上体不动；然后，收腹抬臀部，下背部离开平凳，稍停2～3秒，收紧腹肌，缓慢回落，当两腿下落快要接近平凳时再重复上举。以此重复练习。（图4-2-2）

图4-2-2　平凳仰卧举腿练习

（三）注意事项

（1）在动作练习过程中，下放时缓慢，力量集中在下腹部肌群。

（2）该练习适合于不同层次水平的锻炼者。

三、平凳仰卧两头起练习

（一）锻炼部位

此练习主要锻炼腹直肌、髂腰肌。

（二）练习要领

锻炼者仰卧于平凳上，两腿并拢向前伸直，两臂向后伸直于头顶前侧；上体和两腿同时向上举起，保持膝关节伸直，双手尽量触碰到脚踝；稍停2～3秒，缓慢回原位。以此重复练习。（图4-2-3）

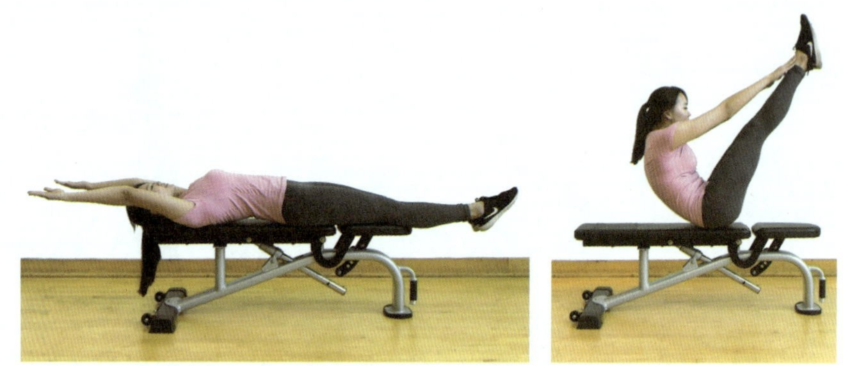

图4-2-3　平凳仰卧两头起练习

（三）注意事项

（1）动作过程中，用力时吸气，还原时呼气。
（2）动作过程应尽量放缓，还原过程中腹部肌群用力控制。
（3）双腿始终伸直不要弯曲。
（4）该练习适合于不同层次水平的锻炼者。

四、平凳侧卧举腿练习

（一）锻炼部位

此练习主要锻炼腹内、外斜肌。

（二）练习要领

锻炼者侧卧于平凳上，单臂屈肘支撑于平凳，异侧手置于腰间，下肢紧贴平凳，伸直双腿；然后，上侧腿伸直向侧上方抬起至最高点；稍停，缓慢回原位。左右侧腿交替练习，以此重复练习。（图4-2-4）

图4-2-4　平凳侧卧举腿练习

（三）注意事项

（1）动作练习过程中，保持上体稳定，抬腿时不要转动髋部。

（2）动作过程中，用力时吸气，还原时呼气。

（3）该练习适合于不同层次水平的锻炼者。

第三节　腹腰部器械锻炼课案与注意事项

一、腹腰部器械练习组合案例

（一）初级阶段锻炼（1～6个月锻炼龄）

1. 腰腹部增长肌肉锻炼方案（表4-3-1）

表4-3-1　腰腹部增肌初级阶段锻炼样例

序号	练习内容	锻炼部位	运动负荷	练习选择	备注
1	热身运动	全身	10～15分钟	有氧器械	
2	可调式腹肌板仰卧团身	上腹部	75%～80%×15次以上×2～3组	选2～3个练习	循环练习；除固定器械练习负重外，其他练习采用自重负荷
	跪姿腰部扭转器扭腰	腰部两侧			
	坐姿腰腹团展器团身	上腹部			
	平凳侧卧举腿	下腹部			
	坐姿腰腹团展器展体	下腹部			
	平凳仰卧团身	下腹部			
	平凳仰卧举腿	下腹部			
	平凳仰卧两头起	腹部			

（续表）

序号	练习内容	锻炼部位	运动负荷	练习选择	备注
3	参考相关章节	背部	70%～80%×6～10次×1～2组	选1～2个练习	
4	参考相关章节	胸部	70%～80%×6～10次×1～2组	选1～2个练习	
5	参考相关章节	肩部	70%～80%×6～10次×1～2组	选1～2个练习	
6	参考相关章节	臂部	70%～80%×6～10次×1～2组	选1～2个练习	
7	参考相关章节	臀腿部	70%～80%×6～10次×1～2组	选1～2个练习	选深蹲、半蹲时，不可用大重量练习
8	放松	全身	10～15分钟	拉伸练习	

说明：

（1）运动量栏中的“%”重量，是指此练习所能举起的1次的最大重量；初练者前2～3周的负重视各人情况自定，主要以掌握规范动作为主。

（2）重点的腰腹部锻炼需每周2～3次；其他非重点部位的锻炼每周1～2次，每次的锻炼可选择几个需要的部位进行。

（3）每个练习所负组数是指有效锻炼组数。

（4）所选择的练习需在3～4周后重新更换。

（5）在锻炼后的饮食中需增加比平时多1～1.5倍的高蛋白食物。

2. 腰腹部增长力量锻炼方案（表4–3–2）

表4–3–2　腰腹部增长力量初级阶段锻炼样例

序号	练习内容	锻炼部位	运动负荷	练习选择	备 注
1	热身运动	全身	10～15分钟	有氧器械	
2	参考表4–3–1中的2号练习内容	腰腹部	90%×5次以下×2～3组	选2～3个练习	循环练习；除固定器械练习负重外，其他练习采用自重负荷
3	参考相关章节	背部	70%～80%×6～10次×1～2组	选1～2个练习	
4	参考相关章节	胸部	70%～80%×6～10次×1～2组	选1～2个练习	
5	参考相关章节	肩部	70%～80%×6～10次×1～2组	选1～2个练习	
6	参考相关章节	臂部	70%～80%×6～10次×1～2组	选1～2个练习	
7	参考相关章节	臀腿部	70%～80%×6～10次×1～2组	选2～3个练习	选深蹲、半蹲时，不可用大重量练习
8	放松	全身	10～15分钟	拉伸练习	

说明：同表4–3–1中的说明。

3. 腰腹部减脂锻炼方案（表4-3-3）

表4-3-3　腰腹部减脂初级阶段锻炼样例

序号	练习内容	锻炼部位	运动负荷	练习选择	备注
1	热身运动	全身	10～15分钟	有氧器械	
2	参考相关章节	背部	70%～80%×6～10次×1～2组	选1～2个练习	
3	参考相关章节	胸部	70%～80%×6～10次×1～2组	选1～2个练习	
4	参考相关章节	肩部	70%～80%×6～10次×1～2组	选1～2个练习	
5	参考相关章节	臂部	70%～80%×6～10次×1～2组	选1～2个练习	
6	参考相关章节	臀腿部	70%～80%×6～10次×1～2组	选1～2个练习	
7	参考表4-3-1中的2号练习内容	腰腹部	60%以下×15次以上×2～3组	选2～3个练习	循环练习；除固定器械练习负重外，其他练习自重
8	放松	全身	10～15分钟	拉伸练习	

说明：

（1）运动量栏中的“%”重量、每个练习所负组数、所选择的练习更换等同表4-3-1的说明。

（2）重点的胸部锻炼需每周4～5次；其他非重点部位的锻炼每周1～2次，每次的锻炼可选择几个需要的部位进行。

（3）此方案以男性锻炼为宜。

（4）锻炼后的饮食中需减少热能（脂肪和碳水化合物等）食物的摄入。

（二）中级阶段锻炼（6～12个月锻炼龄）

1. 腰腹部增长肌肉锻炼方案（表4–3–4）

表4–3–4 腰腹部增肌中级阶段锻炼样例

序号	练习内容	锻炼部位	运动负荷	练习选择	备 注
1	热身运动	全身	10～15分钟	有氧器械	
2	参考表4–3–1中的2号练习内容	腰腹部	80%×8～12次×3～4组	选3～4个练习	循环练习；除固定器械练习负重外，其他练习适当负重
3	参考相关章节	背部	75%～85%×6～12次×2～3组	选1～2个练习	
4	参考相关章节	胸部	75%～85%×6～12次×2～3组	选1～2个练习	
5	参考相关章节	肩部	75%～85%×6～12次×2～3组	选1～2个练习	
6	参考相关章节	臂部	75%～85%×6～12次×2～3组	选1～2个练习	
7	参考相关章节	臀腿部	75%～85%×6～12次×2～3组	选1～2个练习	选深蹲、半蹲时，不可用大重量练习
8	放松	全身	10～15分钟	拉伸练习	

说明：

（1）运动量栏中的“%”重量，是指此练习所能举起的1次的最大重量；初练者前2～3周的负重视各人情况自定，主要以掌握规范动作为主。

（2）重点的腰腹部锻炼需每周2～3次；其他非重点部位的锻炼每周1～2次，每次的锻炼可选择几个需要的部位进行。

（3）每个练习所负组数是指有效锻炼组数。

（4）所选择的练习需在3～4周后重新更换。

（5）在锻炼后的饮食中需增加比平时多1～1.5倍的高蛋白食物。

2. 腰腹部增长力量锻炼方案（表4–3–5）

表4–3–5　腰腹部增长力量中级阶段锻炼样例

序号	练习内容	锻炼部位	运动负荷	练习选择	备注
1	热身运动	全身	10～15分钟	有氧器械	
2	参考表4–3–1中的2号练习内容	腰腹部	90%以上×5次以下×3～4组	选3～4个练习	循环练习；除固定器械练习负重外，其他练习适当负重
3	参考相关章节	背部	70%～80%×6～10次×2～3组	选1～2个练习	
4	参考相关章节	胸部	70%～80%×6～10次×2～3组	选1～2个练习	
5	参考相关章节	肩部	70%～80%×6～10次×2～3组	选1～2个练习	
6	参考相关章节	臂部	70%～80%×6～10次×2～3组	选1～2个练习	
7	参考相关章节	臀腿部	70%～80%×6～10次×2～3组	选1～2个练习	选深蹲、半蹲时，不可用大重量练习
8	放松	全身	10～15分钟	拉伸练习	

说明：同表4–3–4中的说明。

3. 腰腹部减脂锻炼方案（表4-3-6）

表4-3-6　腰腹部减脂中级阶段锻炼样例

序号	练习内容	锻炼部位	运动负荷	练习选择	备 注
1	热身运动	全身	10～15分钟	有氧器械	
2	参考相关章节	背部	75%～85%×6～12次×2～3组	选1～2个练习	
3	参考相关章节	胸部	75%～85%×6～12次×2～3组	选1～2个练习	
4	参考相关章节	肩部	75%～85%×6～12次×2～3组	选1～2个练习	
5	参考相关章节	臂部	75%～85%×6～12次×2～3组	选1～2个练习	
6	参考相关章节	臀腿部	75%～85%×6～12次×2～3组	选1～2个练习	
7	参考表4-3-1中的2号练习内容	腰腹部	60%以下×20次以上至极限×3～4组	选3～4个练习	循环练习；除固定器械练习负重外，其他练习自重
8	放松	全身	10～15分钟	拉伸练习	

说明：

（1）运动量栏中的“%”重量、每个练习所负组数，所选择的练习更换等同表2-3-1的说明。

（2）重点的腰腹部锻炼需每周4～5次；其他非重点部位的锻炼每周1～2次，每次的锻炼可选择几个需要的部位进行。

（3）此方案以男性锻炼为宜。

（4）锻炼后的饮食中需减少热能（脂肪和碳水化合物等）食物的摄入。

（三）高级阶段锻炼（1年以上锻炼龄）

1. 腰腹部增长肌肉锻炼方案（表4-3-7）

表4-3-7　腰腹部增肌高级阶段锻炼样例

序号	练习内容	锻炼部位	运动负荷	练习选择	备注
1	热身运动	全身	10～15分钟	有氧器械	
2	参考表4-3-1中的2号练习内容	腰腹部	80%×8～12次×4～5组	选4～5个练习	循环练习
3	参考相关章节	背部	80%～85%×6～12次×2～3组	选1～2个练习	
4	参考相关章节	胸部	80%～85%×6～12次×2～3组	选1～2个练习	
5	参考相关章节	肩部	80%～85%×6～12次×2～3组	选1～2个练习	
6	参考相关章节	臂部	80%～85%×6～12次×2～3组	选1～2个练习	
7	参考相关章节	臀腿部	80%～85%×6～12次×2～3组	选1～2个练习	选深蹲、半蹲时，不可用大重量练习
8	放松	全身	10～15分钟	拉伸练习	

说明：

（1）运动量栏中的"%"重量，是指此练习所能举起的1次的最大重量；初练者前2～3周的负重视各人情况自定，主要以掌握规范动作为主。

（2）重点的腰腹部锻炼需每周2～3次；其他非重点部位的锻炼每周1～2次，每次的锻炼可选择几个需要的部位进行。

（3）每个练习所负组数是指有效锻炼组数。

（4）所选择的练习需在3～4周后重新更换。

（5）在锻炼后的饮食中，需增加比平时多1～1.5倍的高蛋白食物。

2. 腰腹部增长力量锻炼方案（表4-3-8）

表4-3-8 腰腹部增长力量高级阶段锻炼样例

序号	练习内容	锻炼部位	运动负荷	练习选择	备 注
1	热身运动	全身	10～15分钟	有氧器械	
2	参考表4-3-1中的2号练习内容	腰腹部	90%以上×5次以下×4～5组	选4～5个练习	循环练习
3	参考相关章节	背部	70%～80%×6～10次×2～3组	选1～2个练习	
4	参考相关章节	胸部	70%～80%×6～10次×2～3组	选1～2个练习	
5	参考相关章节	肩部	70%～80%×6～10次×2～3组	选1～2个练习	
6	参考相关章节	臂部	70%～80%×6～10次×2～3组	选1～2个练习	
7	参考相关章节	臀腿部	70%～80%×6～10次×2～3组	选1～2个练习	选深蹲、半蹲时，不可用大重量练习
8	放松	全身	10～15分钟	拉伸练习	

说明： 同表4-3-4中的说明。

3. 腰腹部减脂锻炼方案（表4-3-9）

表4-3-9 腰腹部减脂高级阶段锻炼样例

序号	练习内容	锻炼部位	运动负荷	练习选择	备注
1	热身运动	全身	10～15分钟	有氧器械	
2	参考相关章节	胸部	80%～85%×6～12次×2～3组	选1～2个练习	
3	参考相关章节	背部	80%～85%×6～12次×2～3组	选1～2个练习	
4	参考相关章节	肩部	80%～85%×6～12次×2～3组	选1～2个练习	
5	参考相关章节	臂部	80%～85%×6～12次×2～3组	选1～2个练习	
6	参考相关章节	臀腿部	80%～85%×6～12次×2～3组	选1～2个练习	
7	参考表4-3-1中的2号练习内容	腰腹部	60%以下×20次以上至极限×3～4组	选4～5个练习	循环练习
8	放松	全身	10～15分钟	拉伸练习	

说明：

（1）运动量栏中的“%”重量、每个练习所负组数，所选择的练习更换等同表2-3-1的说明。

（2）重点的腰腹部锻炼需每周4～5次；其他非重点部位的锻炼每周1～2次，每次的锻炼可选择几个需要的部位进行。

（3）此方案以男性锻炼为宜。

（4）锻炼后的饮食中需减少热能（脂肪和碳水化合物等）食物的摄入。

二、腹腰部器械锻炼注意事项

（1）初练时按不同的锻炼部位，每次课可安排一个动作，每个动作可做2～3组；半年至一年的锻炼课，每次可选择两个动作为组合，每个动作做2～4组；一年以后应根据实际情况，选择3个动作为一组合，每周练两次，每次课的综合组为8～10组。

（2）一般的腹腰肌群锻炼方法是男女大致相同，只是由于锻炼的要求和目的不同，初级者次数可少些，每组一般12～15次；有一定基础者，每组一般15次以上。在锻炼中，还必须根据腹腰部的生理特点把每个动作按照不同的部位（如腹腰部的上中下）合理地安排在锻炼课中，以使腹腰部周围的肌群都能得到锻炼。

（3）在做腹部练习时动作不宜过快，否则不但锻炼不到腹部，而且还会损伤腰部。

（4）应配合增强与腹部紧密相连的背部和腰部肌肉，不要单独只练习腹部。

（5）腰腹肌群的锻炼应安排在每次课的最后。

（6）腰腹部锻炼后应避免再进行下肢的锻炼。

思考题：

1. 简述腰腹部的主要肌肉。
2. 简述3～5个腰腹部固定器械练习方法。
3. 简述3～5个自由重量器械腰腹部常见练习方法。
4. 简述某运动水平的腰腹部锻炼方法及注意事项。

第五章

肩部器械锻炼技法

本章节主要介绍常见肩部固定器械练习、自由重量器械肩部常见练习等技法。同时，针对肩部减肥、增长肌肉和增加力量等不同锻炼者的目的，专门设计了肩部器械锻炼的初级、中级、高级等运动水平课案供读者选用或参考。

肩部对体形而言是一个十分重要的部位。于己而言，宽阔厚实的肩部，能无形之中提升个人气质，增添自信；于异性而言，宽厚、发达的肩部能带给其十足的安全感。肩膀是人体的“横梁”，它对整个躯体的“V”形轮廓、形体的舒展、力度与气势等都有决定性影响，尤其是对整个背部肌群的发展起到举足轻重的作用。换言之，肩部的宽度决定身体横向发展的空间。这个空间越宽阔，体格发展潜力就越大，就越能显示个体的出类拔萃。如，对男性而言，壮硕的肩部能充分展现男性阳刚之健美，与宽阔的背肌相得益彰，更显身躯之伟岸；于女性来说，肩部强健和形态是彰显健康状况、精神面貌与气质、迷人身姿的窗口。同时，肩部发达而有力的肌肉，可以让肩关节以及肩部的神经和血管得到更强的保护。然而，日常生活中很多男女朋友会有“溜肩、圆肩”的现象，这会严重影响其个体形象。故，加强对肩部肌肉的负荷锻炼，可有效地避免此类现象的发生。

第一节　常见肩部固定器械练习技法

一、坐姿推举器推举练习

（一）锻炼部位

主要锻炼三角肌前束、肱三头肌等肌肉。

（二）使用方法

1. 器械调整程序

调整座椅的高度→调整负荷重量→开始练习。

2. **器械调整方法**

（1）座椅：调至锻炼者坐好后握把与锻炼者肩部同高位置。

（2）负荷量：调至锻炼者所能完成计划次数的重量。

（三）练习要领

锻炼者坐于座椅上，上体呈挺胸、收腹、直腰姿势，上背部贴紧器械靠背；双手握于器械握把两端；用肩、臂部肌群的力量向上推起，至臂完全伸直；稍停，缓慢回到原位。以此重复练习。（图5-1-1）

图5-1-1　坐姿推举器推举练习

（四）注意事项

（1）练习过程中，锻炼者可根据自身习惯采取用力时吸气或用力时呼气的方式，但大重量时应憋气，并要控制好呼吸节奏。

（2）该练习适合于不同层次水平的锻炼者。

（3）练习过程中，锻炼者应保持躯干固定，双肩放松，避免斜方肌用力。

（4）初级练习者应加强保护与帮助。

二、坐姿扩胸器后展臂练习

（一）锻炼部位

此练习主要锻炼斜方肌、背阔肌等肌肉。

（二）使用方法

1. 器械调整程序

调整座椅的高度→调整负荷重量→开始练习。

2. 器械调整方法

（1）坐凳：调至锻炼者舒适高度。
（2）负荷量：调至锻炼者所能完成计划次数的重量。

（三）练习要领

锻炼者坐姿，身体呈挺胸、收腹、直腰姿势，胸部抵住靠板；双手握住握把两端，自体前向身体两侧牵引至两臂完全伸展；稍停，缓慢回到原位。以此重复练习。（图5–1–2）

图5–1–2　坐姿扩胸器后展臂练习

（四）注意事项

（1）练习过程中，锻炼者可根据自身习惯采取用力时吸气或用力时呼气的方式，但大重量时应憋气，并控制好呼吸节奏。

（2）练习过程中用力要均匀、缓慢，不可用力过猛，避免拉伤肌肉或损坏器械。

三、史密斯机坐姿颈前推举练习

（一）锻炼部位

此练习主要锻炼三角肌前束、三角肌中束，协同锻炼肱三头肌、斜方肌等肌肉。

（二）使用方法

1. 器械调整程序

调整横杆高度→调整保护钩高度→调整杠铃重量→开始练习。

2. 器械调整方法

（1）横杆：调至锻炼者正坐时比肩略高的高度。
（2）保护钩：调至锻炼者正坐时稍低于肩的高度。
（3）杠铃：调至锻炼者所能完成计划次数的重量。

（三）练习要领

锻炼者坐于平凳上，上体呈挺胸、收腹、直腰的姿势，双眼正视前方；将杠铃放至颈前肩部上方位置，两手中握或宽握杠铃，用力将杠铃垂直向上推起至两臂伸直；稍停，缓慢回原位。以此重复练习。（图5-1-3）

图5-1-3　史密斯机坐姿颈前推举练习

（四）注意事项

（1）练习过程中，锻炼者可根据自身习惯采取用力时吸气或用力时呼气的方式，但大重量时应憋气，并要控制好呼吸节奏。

（2）练习过程中，保持躯干固定，同时避免斜方肌发力。

（3）初级练习者应加强保护与帮助。

四、史密斯机坐姿颈后推举练习

（一）锻炼部位

此练习主要锻炼三角肌后束、中束，协同锻炼肱三头肌、大圆肌、小圆肌、斜方肌等肌肉。

（二）使用方法

1. 器械调整程序

调整横杆高度→调整保护钩高度→调整杠铃重量→开始练习。

2. 器械调整方法

（1）横杆：调至锻炼者正坐时与肩同高的高度。
（2）保护钩：调至锻炼者正坐时稍低于肩的高度。
（3）杠铃：调至锻炼者所能完成计划次数的重量。

（三）练习要领

锻炼者正坐于平凳上，上体呈挺胸、收腹、直腰的姿势，上背部贴紧器械靠背；将杠铃举至颈后肩上，两手中握或宽握杠铃，用力将杠铃垂直向上推起至两臂伸直；稍停，缓慢回原位。以此重复练习。（图5-1-3）

图5-1-4 史密斯机坐姿颈后推举练习

（四）注意事项

（1）练习过程中，锻炼者可根据自身习惯采取用力时吸气或用力时呼气的方式，但大重量时应憋气，并要控制好呼吸节奏。

（2）练习过程中，保持躯干固定，同时避免斜方肌发力。

（3）初级练习者应加强保护与帮助。

第二节　自由重量器械肩部常见练习技法

一、坐姿哑铃推举练习

（一）锻炼部位

此练习主要锻炼三角肌中束，协同锻炼斜方肌、肱三头肌等肌肉。

（二）使用方法

（1）罗马椅：调整靠背至垂直于地面位置。

（2）哑铃重量：调至锻炼者所能完成计划次数的重量。

（三）练习要领

锻炼者上背部贴紧罗马椅靠背正坐，上体呈挺胸、收腹、直腰的姿势，双手各持一哑铃，将哑铃举至肩部位置，虎口相对，两肘朝下，指关节朝上；吸气，向上垂直推举哑铃，至双臂伸直；稍停，缓慢下放回原位。以此重复练习。（图5-2-1）

图5-2-1 坐姿哑铃推举练习

（四）注意事项

（1）练习过程中，锻炼者可根据自身习惯采取用力时吸气或用力时呼气的方式，但大重量时应憋气，并要控制好呼吸节奏。

（2）练习过程中，保持躯干固定，不可晃动。

（3）初级练习者应加强保护与帮助。

二、坐姿哑铃飞鸟练习

（一）锻炼部位

此练习主要锻炼三角肌中束，协同锻炼冈上肌、斜方肌等肌肉。

（二）使用方法

（1）罗马椅：调整靠背至垂直于地面位置。

（2）负荷量：调至锻炼者所能完成计划次数的重量。

（三）练习要领

锻炼者上背部贴紧罗马椅靠背正坐，上体呈挺胸、收腹、直腰的姿势，双手持铃下垂于体侧；用肩部肌群的力量向两侧举起至手臂与肩齐平或略高于肩，肘部略弯曲，虎口向下压；稍停，持铃缓慢下放回原位。以此重复练习。（图5–2–2）

图5–2–2　坐姿哑铃飞鸟练习

（四）注意事项

（1）根据锻炼者的习惯，可采取用力时吸气或用力时呼气的方式，但大重量时应憋气，并要控制好呼吸节奏。

（2）根据锻炼习惯，可采取不同练习姿势（站姿、坐姿）。

（3）动作练习过程中，保持躯干固定；向两侧外展时，肘部和腕部始终微屈。

（4）初级练习者应加强保护与帮助。

三、坐姿（或站立）哑铃前举练习

（一）锻炼部位

此练习主要锻炼三角肌前束，协同锻炼斜方肌等肌肉。

（二）使用方法

（1）罗马椅：调整靠背至垂直于地面位置。

（2）负荷重量：调至锻炼者所能完成计划次数的重量。

（三）练习要领

锻炼者上背部贴紧罗马椅靠背正坐，上体呈挺胸、收腹、直腰的姿势，双手持哑铃置于体前大腿上方；随即吸气，持铃向上举起至与肩齐平；稍停，缓慢下放回原位。以此重复练习。（图5-2-3）

图5-2-3　坐姿哑铃前举练习

（四）注意事项

（1）持铃向上举起时，肘关节不要弯曲，上体不能耸肩或前后摆动借力。

（2）还原过程要直臂、挺胸、收腹、紧腰用力，控制下落速度。

（3）采取快举起、慢放下的动作节奏，不能耸肩借力，意念集中于肩。

四、坐姿（或站立）哑铃交替前举练习

（一）锻炼部位

此练习主要锻炼三角肌前束，协同锻炼冈上肌、斜方肌等肌肉。

（二）使用方法

1. 罗马椅：调整靠背至垂直于地面位置。
2. 负荷量：调至锻炼者所能完成计划次数的重量。

（三）练习要领

锻炼者上背部贴紧罗马椅靠背正坐，上体呈挺胸、收腹、直腰的姿势，双手持哑铃自然下垂于体侧；然后，用肩部肌群的力量使一侧手臂上举至与肩齐平或略高于肩；稍停，缓慢将哑铃下放回原位，换另一侧练习。以此交替重复练习。（图5-2-4）

图5-2-4　坐姿哑铃交替前举练习

（四）注意事项

（1）选择适宜的负荷，保持动作的有效性、完整性。

（2）练习过程中，上体不能前后摆动或耸肩借力。

（3）练习过程中，锻炼者可根据自身习惯采取用力时吸气或用力时呼气的方式，但大重量时应憋气，并要控制好呼吸节奏。

五、杠铃（或哑铃）体前提拉练习

（一）锻炼部位

此练习主要锻炼三角肌的中束、三角肌前束等肌肉。

（二）使用方法

杠铃重量：调至锻炼者所能完成计划次数的重量。

（三）练习要领

锻炼者自然站立，上体正直，保持挺胸、收腹、紧腰的姿势，目视前方，双手采用窄握的方式，正握杠铃（或哑铃）下垂于体前；随即吸气，持铃屈肘贴身提起至胸前，肘关节应尽量上提高于肩关节；稍停，呼气，持铃缓慢下放回原位。以此重复练习。（图5–2–5）

图5–2–5　杠铃体前提拉练习

（四）注意事项

（1）持铃屈肘尽量贴身提起，动作过程上体保持挺胸、收腹、立腰姿势，不准前后摆动，两肘尖应向上，且不准耸肩借力。

（2）持铃还原时要有意识地控制下落的速度，使杠铃缓慢下落，采取快举起、慢放下的动作节奏，意念集中于肩部。

六、杠铃前举练习

（一）锻炼部位

此练习主要锻炼三角肌前束，协同锻炼斜方肌等肌肉。

（二）使用方法

杠铃重量：调至锻炼者所能完成计划次数的重量。

（三）练习要领

锻炼者自然站立，上体正直，保持挺胸、收腹、紧腰的姿势，双手中握距正握杠铃下垂于体前；随即吸气，直臂持铃向上举起至与肩齐平或略高于肩；稍停，呼气，直臂持铃缓慢下放回原位。以此重复练习。（图5-2-6）

图5-2-6　杠铃前举练习

（四）注意事项

（1）还原过程中要保持直臂、挺胸、收腹、紧腰姿势，上体不能耸肩或前后摆动借力，意念集中于肩部。

（2）采取快举起、慢放下的动作节奏，控制下落速度。

第三节 肩部器械锻炼课案与注意事项

一、肩部器械练习组合案例

（一）初级阶段锻炼（1～6个月锻炼龄）

1. 肩部增长肌肉锻炼方案（表5-3-1）

表5-3-1 肩部增肌初级阶段锻炼样例

序号	练习内容	锻炼部位	运动负荷	练习选择	备注
1	热身运动	全身	10～15分钟	有氧器械	选其一
2	参考相关章节	胸部	70%～80%×6～10次×1-2组	选1～2个练习	
3	参考相关章节	背部	70%～80%×6～10次×1～2组	选1～2个练习	
4	坐姿推举器推举	肩部	75%～80%×6～12次×2～3组	选2～3个练习	循环练习
	坐姿扩胸器后展臂				
	史密斯机坐姿颈前推举				
	史密斯机坐姿颈后推举				
	坐姿哑铃推举				
	杠铃（或哑铃）体前提拉				

（续表）

序号	练习内容	锻炼部位	运动负荷	练习选择	备注
	坐姿哑铃飞鸟				
	坐姿（或站立）哑铃前举				
	坐姿（或站立）哑铃交替前举				
	杠铃前举				
5	参考相关章节	臂部	70%～80%×6～10次×1～2组	选1～2个练习	
6	参考相关章节	臀腿部	70%～80%×6～10次×1～2组	选1～2个练习	
7	参考相关章节	腰腹部	70%～80%×6～10次×1～2组	选1～2个练习	
8	放松	全身	10～15分钟	拉伸练习	

说明：

（1）运动量栏中的“%”重量，是指此练习所能举起的1次的最大重量；初练者前2～3周的负重视各人情况自定，主要以掌握规范动作为主。

（2）重点的肩部锻炼需每周2～3次；其他非重点部位的锻炼每周1～2次，每次的锻炼可选择几个需要的部位进行。

（3）每个练习所负组数是指有效锻炼组数。

（4）所选择的练习需在3～4周后重新更换。

（5）在锻炼后的饮食中需增加比平时多1～1.5倍的高蛋白食物。

2. 肩部增长力量锻炼方案（表5–3–2）

表5–3–2 肩部增长力量初级阶段锻炼样例

序号	练习内容	锻炼部位	运动负荷	练习选择	备 注
1	热身运动	全身	10～15分钟	有氧器械	
2	参考相关章节	背部	70%～80%×6～10次×1～2组	选2～3个练习	选其一
3	参考相关章节	胸部	70%～80%×6～10次×1～2组	选1～2个练习	
4	参考表5–3–1中的4号练习内容	肩部	90%以上×1～5次×2～3组	选2～3个练习	循环练习
5	参考相关章节	臂部	70%～80%×6～10次×1～2组	选1～2个练习	
6	参考相关章节	臀腿部	70%～80%×6～10次×1～2组	选1～2个练习	
7	参考相关章节	腰腹部	自重×15次以上×2～3组	选1～2个练习	
8	放松	全身	10～15分钟	拉伸练习	

说明：同表5–3–1的说明。

3. 肩部减脂锻炼方案（表5-3-3）

表5-3-3　肩部减脂初级阶段锻炼样例

序号	练习内容	锻炼部位	运动负荷	练习选择	备注
1	热身运动	全身	30～45分钟	有氧器械	
2	参考相关章节	背部	70%～80%×6～10次×1～2组	选1～2个练习	选其一
3	参考相关章节	胸部	70%～80%×6～10次×1～2组	选1～2个练习	
4	参考相关章节	臂部	70%～80%×6～10次×1～2组	选1～2个练习	
5	参考相关章节	臀腿部	70%～80%×6～10次×1～2组	选1～2个练习	
6	参考相关章节	腰腹部	自重×15次以上×2～3组	选1～2个练习	
7	参考表5-3-1中的4号练习内容	肩部	60%以下×15次以上或至极限×2～3组	选2～3个练习	循环练习
8	放松	全身	10～15分钟	拉伸练习	

说明：

（1）运动量栏中的“%”重量、每个练习所负组数、所选择的练习更换等同表5-3-1的说明。

（2）重点的肩部锻炼需每周4～5次；其他非重点部位的锻炼每周1～2次，每次的锻炼可选择几个需要的部位进行。

（3）此方案以男性锻炼为宜。

（4）锻炼后的饮食中需减少热能（脂肪和碳水化合物等）食物的摄入。

（二）中级阶段锻炼（6～12个月锻炼龄）

1. 肩部增长肌肉锻炼方案（表5-3-4）

表5-3-4　肩部增肌中级阶段锻炼样例

序号	练习内容	锻炼部位	运动负荷	练习选择	备注
1	热身运动	全身	10～15分钟	有氧器械	
2	参考相关章节	背部	70%～85%×6～10次×1～2组	选2～3个练习	选其一
3	参考相关章节	胸部	70%～85%×6～10次×1～2组	选2～3个练习	
4	参考表5-3-1中的4号练习内容	肩部	70%～85%×6～10次×2～3组	选3～4个练习	循环练习
5	参考相关章节	臂部	70%～85%×6～10次×1～2组	选2～3个练习	
6	参考相关章节	臀腿部	70%～85%×6～10次×1～2组	选2～3个练习	
7	参考相关章节	腰腹部	自重×15次以上×2～3组	选2～3个练习	
8	放松	全身	10～15分钟	拉伸练习	

说明：

（1）运动量栏中的“%”重量，是指此练习所能举起的1次的最大重量；中级阶段锻炼主要是在掌握动作的基础上塑造肌肉轮廓为主。

（2）重点的肩部锻炼需每周3～4次；其他非重点部位的锻炼每周2～3次，每次的锻炼可选择几个需要的部位进行。

（3）每个练习所负组数是指有效锻炼组数。

（4）所选择的练习需在3～4周后重新更换。

（5）在锻炼后的饮食中需增加比平时多1～1.5倍的高蛋白食物。

2. 肩部增长力量锻炼方案（表5-3-5）

表5-3-5　肩部增长力量中级阶段锻炼样例

序号	练习内容	锻炼部位	运动负荷	练习选择	备注
1	热身运动	全身	10～15分钟	有氧器械	
2	参考相关章节	胸部	70%～85%×6～10次×1～2组	选2～3个练习	选其一
3	参考相关章节	背部	70%～85%×6～10次×1～2组	选2～3个练习	
4	参考表5-3-1中的4号练习内容	肩部	90%以上×1～5次×2～3组	选2～3个练习	循环练习
5	参考相关章节	臂部	70%～85%×6～10次×1～2组	选2～3个练习	
6	参考相关章节	臀腿部	70%～85%×6～10次×1～2组	选2～3个练习	
7	参考相关章节	腰腹部	自重×15次以上×2～3组	选2～3个练习	
8	放松	全身	10～15分钟	拉伸练习	

说明：同表5-3-4的说明。

3. 肩部减脂锻炼方案（表5-3-6）

表5-3-6 肩部减脂中级阶段锻炼样例

序号	练习内容	锻炼部位	运动负荷	练习选择	备 注
1	热身运动	全身	30～45分钟	有氧器械	选其一
2	参考相关章节	背部	70%～85%×6～10次×1～2组	选2～3个练习	
3	参考相关章节	胸部	70%～85%×6～10次×1～2组	选2～3个练习	
4	参考相关章节	臂部	70%～85%×6～10次×1～2组	选2～3个练习	
5	参考相关章节	臀腿部	70%～85%×6～10次×1～2组	选2～3个练习	
6	参考相关章节	腰腹部	自重×15次以上×2～3组	选2～3个练习	
7	参考表5-3-1中的4号练习内容	肩部	60%以下×15次以上或至极限×2～3组	选3～4个练习	循环练习
8	放松	全身	10～15分钟	拉伸练习	

说明：

（1）运动量栏中的“%”重量、每个练习所负组数、所选择的练习更换等同表5-3-4的说明。

（2）重点的肩部锻炼需每周3～4次；其他非重点部位的锻炼每周2～3次，每次的锻炼可选择几个需要的部位进行。

（3）此方案以男性锻炼为宜。

（4）锻炼后的饮食中需减少热能（脂肪和碳水化合物等）食物的摄入。

（三）高级阶段锻炼（1年以上锻炼龄）

1. 肩部增长肌肉锻炼方案（表5–3–7）

表5–3–7 肩部增肌高级阶段锻炼样例

序号	练习内容	锻炼部位	运动负荷	练习选择	备注
1	热身运动	全身	10～15分钟	有氧器械	
2	参考相关章节	胸部	80%～85%×6～10次×1～2组	选2～3个练习	选其一
3	参考相关章节	背部	80%～85%×6～10次×1～2组	选2～3个练习	
4	参考表5–3–1中的4号练习内容	肩部	80%～85%×6～10次×2～3组	选4～5个练习	循环练习
5	参考相关章节	臂部	80%～85%×6～10次×1～2组	选2～3个练习	
6	参考相关章节	腿部	80%～85%×6～10次×1～2组	选2～3个练习	
7	参考相关章节	腰腹部	自重×15次以上×2～3组	选2～3个练习	
8	放松	全身	10～15分钟	拉伸练习	

说明：

（1）运动量栏中的“%”重量，是指此练习所能举起的1次的最大重量；高级阶段锻炼在熟练运用各种训练方法后，以使身体各部位轮廓愈加明显、肌肉与肌肉之间的横纹沟理更清晰为主。

（2）重点的肩部锻炼需每周4～5次；其他非重点部位的锻炼每周3～4次，每次的锻炼可选择几个需要的部位进行。

（3）每个练习所负组数是指有效锻炼组数。

（4）所选择的练习需在3～4周后重新更换。

（5）在锻炼后的饮食中需增加比平时多1～1.5倍的高蛋白食物。

2. 肩部增长力量锻炼方案（表5-3-8）

表5-3-8　肩部增长力量高级阶段锻炼样例

序号	练习内容	锻炼部位	运动负荷	练习选择	备 注
1	热身运动	全身	10～15分钟	有氧器械	
2	参考相关章节	胸部	80%～85%×6～10次×1～2组	选2～3个练习	选其一
3	参考相关章节	背部	80%～85%×6～10次×1～2组	选2～3个练习	
4	参考表5-3-1中的4号练习内容	肩部	90%以上×半次至5次×2～3组	选3～4个练习	循环练习
5	参考相关章节	臂部	80%～85%×6～10次×1～2组	选2～3个练习	
6	参考相关章节	臀腿部	80%～85%×6～10次×1～2组	选2～3个练习	
7	参考相关章节	腰腹部	自重×15次以上×2～3组	选2～3个练习	
8	放松	全身	10～15分钟	拉伸练习	

说明：同表5-3-7的说明。

3. 肩部减脂锻炼方案（表5-3-9）

表5-3-9　肩部减脂高级阶段锻炼样例

序号	练习内容	锻炼部位	运动负荷	练习选择	备注
1	热身运动	全身	30～45分钟	有氧器械	选其一
2	参考相关章节	背部	80%～85%×6～10次×1～2组	选2～3个练习	
3	参考相关章节	胸部	80%～85%×6～10次×1～2组	选2～3个练习	
4	参考相关章节	臂部	80%～85%×6～10次×1～2组	选2～3个练习	
5	参考相关章节	臀腿部	80%～85%×6～10次×1～2组	选2～3个练习	
6	参考相关章节	腰腹部	自重×15次以上×2～3组	选2～3个练习	
7	参考表5-3-1中的4号练习内容	肩部	60%以下×15次以上或至极限×2～3组	选4～5个练习	循环练习
8	放松	全身	10～15分钟	拉伸练习	

说明：

（1）运动量栏中的“%”重量、每个练习所负组数、所选择的练习更换等同表5-3-7的说明。

（2）重点的肩部锻炼需每周4～5次；其他非重点部位的锻炼每周3～4次，每次的锻炼可选择几个需要的部位进行。

（3）此方案以男性锻炼为宜。

（4）锻炼后的饮食中需减少热能（脂肪和碳水化合物等）食物的摄入。

二、肩部肌群锻炼注意事项

（一）热身与放松

1. 锻炼前的热身方式

器械锻炼前的热身活动可分为一般性热身和专门性热身。

（1）一般性热身活动：慢跑类、关节活动类、徒手操等。

（2）专门性热身活动：肩部绕环、拉伸肩部肌群等。

2. 锻炼后的放松方式

（1）一般性放松活动：耸肩、后伸探背。

（2）拉伸放松活动：手拉单杠等。

（3）按摩放松活动：推摩、擦摩、揉、按压等。

（二）保护与帮助

保护与帮助是器械锻炼过程中的特点之一，同时是预防运动损伤的重要安全措施，故要求锻炼者了解和熟悉锻炼技法，达到促进身心健康和改变形体目标的同时又可以避免运动损伤。

1. 保护

自我保护和他人保护。

2. 帮助

（1）直接帮助：如坐姿推举采取“扶”、杠铃体前提拉采取“拉”等。

（2）间接帮助：短字语言、数字、口令等。

（三）注意事项

（1）在每一次重量训练和运动之后都要做伸展，尤其是上斜方肌和三角肌。

（2）在训练初期加强中、下斜方肌的肌力及肌肉耐力的训练。

（3）在上斜方肌的伸展过程中，保持背部挺直。

（4）在训练肩袖肌肉群时首先要收缩中、下斜方肌以稳定肩胛骨。

思考题：

1. 简述肩部的主要肌肉。
2. 简述3～5个肩部固定器械练习方法。
3. 简述3～5个自由重量器械肩部常见练习方法。
4. 简述某运动水平的肩部锻炼方法及注意事项。

第六章

臂部器械锻炼技法

本章节主要介绍常见臂部固定器械练习、自由重量器械臂部常见练习等技法。同时，针对臂部减肥、增长肌肉和增加力量等不同锻炼者的目的，专门设计了臂部器械锻炼的初级、中级、高级等运动水平课案供读者选用或参考。

从人体健美的角度来看，粗壮结实的臂部会让人显得富有生机和力量。人们历来都把“胳膊”力量的大小看作体力是否强壮的标准之一，又把“胳膊”的粗壮及线条清晰视为健、力、美的象征。然而，臂部的锻炼并不是男性的专属，其实女性进行臂部的锻炼也是会有很多好处的。通常，大多数女性会有顾虑，担心进行器械锻炼后会使臂部变粗，成为“肌肉女”。孰不知，这种观点是不科学的，因为男女激素水平的不同，即使对女性臂部进行较多的器械锻炼或负重锻炼，也不易练出像男性一样粗壮的肌肉；反之，采用这方式和方法对于臂部脂肪消除会有极大帮助。故对于臂部存有过多脂肪的女性，需要选用器械和负重锻炼才能有效的塑造臂部完美线条，若同时配合有氧运动，其锻炼效果会更显奇效。

第一节　常见臂部固定器械练习技法

一、坐姿臂伸器伸臂练习

（一）锻炼部位

此练习主要锻炼肱三头肌以及前臂肌群等。

（二）使用方法

1. 器械调整程序

调整座椅高度→调整负荷重量→开始练习。

2. 器械调整方法

（1）座椅：高度调至锻炼者上臂完全放于靠垫板上。

（2）负荷量：调至锻炼者所能完成计划次数的重量。

（三）练习要领

锻炼者坐于平凳上，保持背部收紧，身体前倾，胸部贴紧靠板，上臂置于靠板斜面，双手握把；用手臂的力量将握把下压至手臂伸直，稍停；然后，控制器械缓慢回原位。以此重复练习。（图6–1–1）

图6–1–1　坐姿臂伸器伸臂练习

（四）注意事项

（1）动作练习过程中，需将意念集中在肱三头肌，保持身体不能前后晃动而借力。

（2）该练习适合于不同层次水平的锻炼者。

二、坐姿斜板弯举器臂弯举练习

（一）锻炼部位

此练习主要锻炼肱二头肌、三角肌、前臂肌群等。

（二）使用方法

1. 器械调整程序

调整座椅的高度→调整负荷重量→开始练习。

2. 器械调整方法

（1）座椅：调至锻炼者坐位后上臂完全放于斜板面。
（2）负荷量：调至锻炼者所能完成计划次数的重量。

（三）练习要领

锻炼者坐于平凳上，胸部抵住靠板，收腹、立腰，将上臂置于下斜板面上，双手中握距持杠铃；以肱二头肌的收缩力量将杠铃举至最高点；稍停，缓慢下放回原位。以此重复练习。（图6–1–2）

图6–1–2　坐姿斜板弯举器臂弯举练习

（四）注意事项

（1）动作练习过程中，避免身体前后摆动，不能耸肩。

（2）若要加大难度，可双手各持一只哑铃交替练习，注意收腹、立腰，避免受伤。

（3）该练习适合于不同层次水平的锻炼者。

三、龙门架站立伸臂练习

（一）锻炼部位

此练习主要锻炼肱三头肌、三角肌和前臂肌群等。

（二）使用方法

1. 器械调整程序

调整龙门架轮滑→调整握把→调整练习负荷→开始练习。

2. 器械调整方法

（1）龙门架：将轮滑调至顶端。

（2）手环：选择合适手环。

（2）练习负荷：调至锻炼者所能完成计划次数的重量。

（三）练习要领

锻炼者面向器械自然站立，呈挺胸、收腹、紧腰状，屈臂两手紧握滑轮（可用直杆、V形杆等替代），上臂、肘关节紧贴身体两侧；然后，用肱三头肌的力量下压至手臂伸直，稍停2～3秒钟；控制器械缓慢回原位，以此重复练习。（图6–1–3）

图6-1-3 龙门架站立伸臂练习

（四）注意事项

（1）动作练习过程中，上臂始终紧贴于体侧，不可随前臂前后摆动。
（2）该练习适合于不同层次水平的锻炼者。

四、龙门架站立臂弯举练习

（一）锻炼部位

此练习主要锻炼肱二头肌、肱肌、三角肌前束及前臂肌群等。

（二）使用方法

1. 器械调整程序

调整龙门架轮滑→调整握把→调整练习负荷→开始练习。

2. **器械调整方法**

（1）龙门架：将轮滑调至最底端。

（2）手环：选择适合手环。

（3）练习负荷：调至锻炼者所能完成计划次数的重量。

（三）练习要领

锻炼者面向器械站立，双手握住手柄，上臂、肘部紧贴身体两侧，肱二头肌用力弯举手柄至胸前；稍停，缓慢回到原位，以此重复练习。（图6–1–4）

图6–1–4　龙门架站立臂弯举练习

（四）注意事项

（1）动作练习过程中，肘部紧近腰部，保持上臂固定。

（2）练习过程中，两腿分开与肩同宽，可微屈膝、髋部，以保持身体稳定。

（3）该练习适合于不同层次水平的锻炼者。

第二节　自由重量器械臂部常见练习技法

一、坐姿（或站立）哑铃臂弯举练习

（一）锻炼部位

此练习主要锻炼肱二头肌、肱肌和肱桡肌等肌肉。

（二）使用方法

（1）罗马椅：调整靠背至垂直于地面位置。

（2）哑铃重量：选择锻炼者所能完成计划次数的重量。

（三）练习要领

锻炼者坐姿，头部、上背部紧贴罗马椅，收紧腰部，下背部不可触及椅部，上臂紧贴身体两侧，双手掌心向前各握哑铃放于体侧；然后，屈肘将哑铃提起至上臂与前臂之间的夹角约30°；稍停，呼气，持哑铃缓慢下放回原位。以此重复练习。（图6-2-1）

图6-2-1　坐姿哑铃臂弯举练习

（四）注意事项

（1）练习过程中，上臂紧贴体侧，意念集中在肱二头肌，臂部不可前后晃动。

（2）两臂还原下放时，要充分伸直，尽量放松。

（3）初级练习者应加强保护与帮助。

二、坐姿（或站立）哑铃臂交替弯举练习

（一）锻炼部位

此练习主要锻炼肱二头肌、肱肌等。

（二）使用方法

（1）罗马椅：调整靠背至垂直于地面位置。

（2）哑铃重量：选择锻炼者所能完成计划次数的重量。

（三）练习要领

锻炼者坐姿，头部、上背部紧贴罗马椅，收紧腰部，下背部不可触及椅部，上臂紧贴身体两侧，双手掌心向前各握哑铃放于体侧；然后，一侧手臂屈肘将哑铃提起至上臂与前臂之间的夹角约30°；稍停，呼气，缓慢持铃向下放回原位。以此动作两手交替进行练习。（图6-2-2）

图6-2-2　坐姿哑铃臂交替弯举练习

（四）注意事项

（1）动作练习过程中，上臂紧贴体侧，意念要集中在肱二头肌，身体不可前后晃动，手腕保持固定不动。

（2）手臂还原下放时，缓慢落下，保持肌肉紧张。

（3）初级练习者应加强保护与帮助。

三、坐姿（或站立）哑铃颈后臂上拉练习

（一）锻炼部位

此练习主要锻炼主要上臂部肌肉、肱三头肌。

（二）使用方法

哑铃重量：选择锻炼者所能完成计划次数的重量。

（三）练习要领

锻炼者坐于平凳上，挺胸、收腹、立腰，双手交叉叠合持铃于颈后，两上臂紧贴耳侧；然后，用肱三头肌的收缩力量将手臂伸直上举，使肱三头肌产生顶峰收缩；稍停，屈肘缓慢下放哑铃至最低点。以此重复练习。（图6-2-3）

图6-2-3 坐姿哑铃颈后臂上拉练习

（四）注意事项

（1）动作练习过程中，身体不可晃动，意念要集中在上臂部肱三头肌。

（2）动作练习过程中，用力时吸气或呼气，要控制好呼吸的节奏，使动作能平稳过渡。

（3）初级练习者应加强保护与帮助。

（4）该练习适合于不同层次水平的锻炼者。

四、俯立单撑膝哑铃单臂屈伸练习

（一）锻炼部位

此练习主要锻炼上臂部肌肉、肱三头肌等肌肉。

（二）使用方法

哑铃重量：选择锻炼者所能完成计划次数的重量。

（三）练习要领

锻炼者俯立，一手撑膝，两脚开立与肩同宽，上体前屈与地面接近平行，两膝关节微弯曲，挺胸塌腰，保持腰背挺直；另一上臂紧贴体侧，手握哑铃，肘关节屈呈90°；用肱三头肌的收缩力量将哑铃向后举至手臂完全伸直；稍停，缓慢将哑铃下放回原位。以此重复练习。（图6–2–4）

图6–2–4　俯立单撑膝哑铃单臂屈伸练习

（四）注意事项

（1）动作练习过程中，哑铃上臂始终紧贴于体侧。
（2）可先进行单手练习，辅助手护住练习手上臂以避免动作过程中晃动。
（3）该练习适合于不同层次水平的锻炼者。

五、坐姿（或马步）哑铃转腕练习

（一）锻炼部位

此练习主要锻炼前臂肌群等。

（二）使用方法

1. 器械调整程序

调整平凳→选择哑铃重量→开始练习。

2. 器械调整方法

（1）平凳：调至锻炼者舒适高度。
（2）哑铃重量：选择锻炼者所能完成计划次数的重量。

（三）练习要领

锻炼者坐于平凳上，挺胸、收腹、立腰，手持哑铃于体侧；两手持哑铃绕“8”字缓慢旋转。以此重复练习。（图6-2-5）

图6-2-5　坐姿哑铃转腕练习

（四）注意事项

（1）动作练习过程中，除手腕之外，全身其他部位应保持同一姿势。
（2）选择合适的哑铃重量，避免过重导致手腕受伤。
（3）该练习适合于不同层次水平的锻炼者。
（4）初级练习者应加强保护与帮助。

六、站立（或坐姿或马步）小杠铃臂弯举练习

（一）锻炼部位

此练习主要锻炼肱二头肌、前臂肌群等。

（二）使用方法

杠铃重量：调至锻炼者所能完成计划次数的重量。

（三）练习要领

锻炼者自然站立，挺胸、收腹、紧腰，上臂紧贴身体两侧，双手中握杠铃放于体前；用肱二头肌的收缩力量将杠铃举起至上臂与前臂夹角小于90°；稍停，再控制杠铃缓慢下放回原位。以此重复练习。（图6-2-6）

图6-2-6　站立小杠铃臂弯举练习

（四）注意事项

（1）动作练习过程中，保持上臂固定，紧贴于体侧。
（2）动作练习过程中，向上发力时吐气，还原时吸气。
（3）该练习适合于不同层次水平的锻炼者。
（4）初级练习者应加强保护与帮助。

七、坐姿（或马步）哑铃屈腕练习

（一）锻炼部位

此练习主要锻炼前臂肌群、肱二头肌等。

（二）使用方法

（1）平凳：调至锻炼者舒适高度。
（2）哑铃重量：选择锻炼者所能完成计划次数的重量。

（三）练习要领

锻炼者正坐于平凳上，收腹、挺胸，上体略微前倾，肘关节放在同侧膝关节处，掌心向上挂住哑铃并舒张前臂；随后尽可能屈腕将哑铃举起至最高点；稍停，缓慢将哑铃下放回原位。以此重复练习。（图6-2-7）

图6-2-7　坐姿哑铃屈腕练习

（四）注意事项

（1）动作练习过程中，肘关节始终放于膝盖上方，保持身体姿态固定。
（2）初级练习者应加强保护与帮助。
（3）该练习适合于不同层次水平的锻炼者。

八、坐姿（或马步）哑铃伸腕练习

（一）锻炼部位

此练习主要锻炼前臂肌群。

（二）使用方法

（1）平凳：调至锻炼者舒适高度。
（2）哑铃重量：选择锻炼者所能完成计划次数的重量。

（三）练习要领

锻炼者正坐于平凳上，收腹、挺胸，上体略微前倾，目标手臂正握哑铃，将手肘贴在同侧膝关节处；收缩前臂将哑铃尽可能高地向上翻至顶端；稍停，缓慢将哑铃下放回原位。以此重复动作。（图6-2-8）

图6-2-8 坐姿哑铃伸腕练习

（四）注意事项

与坐姿哑铃屈腕练习注意事项相同。

第三节　臂部器械锻炼课案与注意事项

一、臂部器械练习组合案例

（一）初级阶段锻炼（1～6个月锻炼龄）

1. 臂部增长肌肉锻炼方案（表6-3-1）

表6-3-1　臂部增肌初级阶段锻炼样例

<table>
<tr><th>序号</th><th>练习内容</th><th>锻炼部位</th><th>运动负荷</th><th>练习选择</th><th>备注</th></tr>
<tr><td>1</td><td>热身运动</td><td>全身</td><td>10～15分钟</td><td>有氧器械</td><td rowspan="4">选其一</td></tr>
<tr><td>2</td><td>参考相关章节</td><td>胸部</td><td>70%～80%×6～10次×1～2组</td><td>选1～2个练习</td></tr>
<tr><td>3</td><td>参考相关章节</td><td>背部</td><td>70%～80%×6～10次×1～2组</td><td>选1～2个练习</td></tr>
<tr><td>4</td><td>参考相关章节</td><td>肩部</td><td>70%～80%×6～10次×1～2组</td><td>选1～2个练习</td></tr>
<tr><td rowspan="4">5</td><td>坐姿臂伸器伸臂</td><td rowspan="4">臂部</td><td rowspan="4">75%～80%×6～12次×2～3组</td><td rowspan="4">选2～3个练习</td><td rowspan="4">循环练习</td></tr>
<tr><td>龙门架站立伸臂</td></tr>
<tr><td>坐姿斜板弯举器臂弯举</td></tr>
<tr><td>龙门架站立臂弯举</td></tr>
</table>

（续表）

序号	练习内容	锻炼部位	运动负荷	练习选择	备注
	坐姿（或站立）哑铃臂弯举				
	坐姿（或站立）哑铃臂交替弯举				
	站立（或坐姿或马步）小杠铃臂弯举				
	坐姿（或站立）哑铃颈后臂上拉				
	站姿（或马步）哑铃转腕				
	俯立单撑哑铃单臂屈伸				
	坐姿（或马步）哑铃屈腕				
	坐姿（或马步）哑铃伸腕				
6	参考相关章节	臀腿部	70%～80%×6～10次×1～2组	选1～2个练习	
7	参考相关章节	腰腹部	自重×15次以上×2～3组	选1～2个练习	
8	放松	全身	10～15分钟	拉伸练习	

说明：

（1）运动量栏中的“%”重量，是指此练习所能举起的1次的最大重量；初练者前2～3周的负重视各人情况自定，主要以掌握规范动作为主。

（2）重点的臂部锻炼需每周2～3次；其他非重点部位的锻炼每周1～2次，每次的锻炼可选择几个需要的部位进行。

（3）每个练习所负组数是指有效锻炼组数。

（4）所选择的练习需在3～4周后重新更换。

（5）在锻炼后的饮食中需增加比平时多1～1.5倍的高蛋白食物。

2. 臂部增长力量锻炼方案（表6-3-2）

表6-3-2　臂部增长力量初级阶段锻炼样例

序号	练习内容	锻炼部位	运动负荷	练习选择	备 注
1	热身运动	全身	10～15分钟	有氧器械	
2	参考相关章节	胸部	70%～80%×6～10次×1～2组	选2～3个练习	选其一
3	参考相关章节	背部	70%～80%×6～10次×1～2组	选1～2个练习	
4	参考相关章节	肩部	70%～80%×6～10次×1～2组	选1～2个练习	
5	参考表6-3-1中的5号练习内容	臂部	90%以上×1～5次×2～3组	选2～3个练习	循环练习
6	参考相关章节	臀腿部	70%～80%×6～10次×1～2组	选1～2个练习	
7	参考相关章节	腰腹部	自重×15次以上×2～3组	选1～2个练习	
8	放松	全身	10～15分钟	拉伸练习	

说明： 同表6-3-1中的说明。

3. 臂部减脂锻炼方案（表6–3–3）

表6–3–3　臂部减脂初级阶段锻炼样例

序号	练习内容	锻炼部位	运动负荷	练习选择	备注
1	热身运动	全身	30～45分钟	有氧器械	
2	参考相关章节	臀腿部	70%～80%×6～10次×1～2组	选1～2个练习	
3	参考相关章节	腰腹部	自重×15次以上×2～3组	选1～2个练习	
4	参考相关章节	背部	70%～80%×6～10次×1～2组	选1～2个练习	
5	参考相关章节	胸部	70%～80%×6～10次×1～2组	选1～2个练习	
6	参考相关章节	肩部	70%～80%×6～10次×1～2组	选1～2个练习	
7	参考表6–3–1中的5号练习内容	臂部	60%以下×15次以上或至极限×2～3组	选2～3个练习	循环练习
8	放松	全身	10～15分钟	拉伸练习	

说明：

（1）运动量栏中的“%”重量、每个练习所负组数、所选择的练习更换等同表6–3–1的说明。

（2）重点的臂部锻炼需每周2～3次；其他非重点部位的锻炼每周1～2次，每次的锻炼可选择几个需要的部位进行。

（3）此方案以男性锻炼为宜。

（4）锻炼后的饮食中需减少热能（脂肪和碳水化合物等）食物的摄入。

（二）中级阶段锻炼（6～12个月锻炼龄）

1. 臂部增长肌肉锻炼方案（表6–3–4）

表6–3–4　臂部增肌中级阶段锻炼样例

序号	练习内容	锻炼部位	运动负荷	练习选择	备注
1	热身运动	全身	10～15分钟	有氧器械	
2	参考相关章节	胸部	75%～85%×6～10次×1～2组	选2～3个练习	选其一
3	参考相关章节	背部	75%～85%×6～10次×1～2组	选1～2个练习	
4	参考相关章节	肩部	75%～85%×6～10次×1～2组	选1～2个练习	
5	参考表6–3–1中的5号练习内容	臂部	75%～85%×6～10次×2～3组	选2～3个练习	循环练习
6	参考相关章节	臀腿部	75%～85%×6～10次×1～2组	选1～2个练习	
7	参考相关章节	腰腹部	自重×15次以上×2～3组	选1～2个练习	
8	放松	全身	10～15分钟	拉伸练习	

说明：

（1）运动量栏中的“%”重量，是指此练习所能举起的1次的最大重量；中级阶段锻炼主要是在掌握动作的基础上塑造肌肉轮廓为主。

（2）重点的臂部锻炼需每周2～3次；其他非重点部位的锻炼每周1～2次，每次的锻炼可选择几个需要的部位进行。

（3）每个练习所负组数是指有效锻炼组数。

（4）所选择的练习需在3～4周后重新更换。

（5）在锻炼后的饮食中需增加比平时多1～1.5倍的高蛋白食物。

2. 臂部增长力量锻炼方案（表6–3–5）

表6–3–5 臂部增长力量中级阶段锻炼样例

序号	练习内容	锻炼部位	运动负荷	练习选择	备 注
1	热身运动	全身	10～15分钟	有氧器械	
2	参考相关章节	胸部	75%～85%×6～10次×1～2组	选2～3个练习	选其一
3	参考相关章节	背部	75%～85%×6～10次×1～2组	选2～3个练习	
4	参考相关章节	肩部	75%～85%×6～10次×1～2组	选2～3个练习	
5	参考表6–3–1中的5号练习内容	臂部	90%以上×1～5次×2～3组	选3～4个练习	循环练习
6	参考相关章节	臀腿部	75%～85%×6～10次×1～2组	选2～3个练习	
7	参考相关章节	腰腹部	自重×15次以上×2～3组	选2～3个练习	
8	放松	全身	10～15分钟	拉伸练习	

说明：同表6–3–4中的说明。

3. 臂部减脂锻炼方案（表6-3-6）

表6-3-6　臂部减脂中级阶段锻炼样例

序号	练习内容	锻炼部位	运动负荷	练习选择	备注
1	热身运动	全身	30～45分钟	有氧器械	
2	参考相关章节	臀腿部	75%～85%×6～10次×1～2组	选2～3个练习	
3	参考相关章节	腰腹部	自重×15次以上×2～3组	选2～3个练习	
4	参考相关章节	背部	70%～80%×6～10次×1～2组	选2～3个练习	
5	参考相关章节	胸部	70%～80%×6～10次×1～2组	选2～3个练习	
6	参考相关章节	肩部	70%～80%×6～10次×1～2组	选2～3个练习	
7	参考表6-3-1中的5号练习内容	臂部	60%以下×15次以上或至极限×2～3组	选3～4个练习	循环练习
8	放松	全身	10～15分钟	拉伸练习	

说明：

（1）运动量栏中的“%”重量、每个练习所负组数、所选择的练习更换等同表6-3-4的说明。

（2）重点的臂部锻炼需每周3～4次；其他非重点部位的锻炼每周2～3次，每次的锻炼可选择几个需要的部位进行。

（3）此方案以男性锻炼为宜。

（4）锻炼后的饮食中需减少热能（脂肪和碳水化合物等）食物的摄入。

（三）高级阶段锻炼（1年以上锻炼龄）

1. 臂部增长肌肉锻炼样例（表6–3–7）

表6–3–7 臂部增肌高级阶段锻炼样例

序号	练习内容	锻炼部位	运动负荷	练习选择	备 注
1	热身运动	全身	10～15分钟	有氧器械	
2	参考相关章节	胸部	80%～85%×6～10次×1～2组	选3～4个练习	选其一
3	参考相关章节	背部	80%～85%×6～10次×1～2组	选3～4个练习	
4	参考相关章节	肩部	80%～85%×6～10次×1～2组	选3～4个练习	
5	参考表6–3–1中的5号练习内容	臂部	80%～85%×6～10次×2～3组	选4～5个练习	循环练习
6	参考相关章节	臀腿部	80%～85%×6～10次×1～2组	选3～4个练习	
7	参考相关章节	腰腹部	自重×15次以上×2～3组	选3～4个练习	
8	放松	全身	10～15分钟	拉伸练习	

说明：

（1）运动量栏中的“%”重量，是指此练习所能举起的1次的最大重量；高级阶段锻炼在熟练运用各种训练方法后，以使身体各部位轮廓愈加明显、肌肉与肌肉之间的横纹沟理更清晰为主。

（2）重点的臂部锻炼需每周4～5次；其他非重点部位的锻炼每周3～4次，每次的锻炼可选择几个需要的部位进行。

（3）每个练习所负组数是指有效锻炼组数。

（4）所选择的练习需在3～4周后重新更换。

（5）在锻炼后的饮食中需增加比平时多1～1.5倍的高蛋白食物。

2. 臂部增长力量锻炼方案（表6–3–8）

表6–3–8　臂部增长力量高级阶段锻炼样例

序号	练习内容	锻炼部位	运动负荷	练习选择	备 注
1	热身运动	全身	10～15分钟	有氧器械	
2	参考相关章节	胸部	80%～85%×6～10次×1～2组	选3～4个练习	选其一
3	参考相关章节	背部	80%～85%×6～10次×1～2组	选3～4个练习	
4	参考相关章节	肩部	80%～85%×6～10次×1～2组	选3～4个练习	
5	参考表6–3–1中的5号练习内容	臂部	90%以上×1～5次×2～3组	选4～5个练习	循环练习
6	参考相关章节	臀腿部	80%～85%×6～10次×1～2组	选3～4个练习	
7	参考相关章节	腰腹部	自重×15次以上×2～3组	选3～4个练习	
8	放松	全身	10～15分钟	拉伸练习	

说明：同表6–3–7中的说明。

3. 臂部减脂锻炼方案（表6–3–9）

表6–3–9 臂部减脂高级阶段锻炼样例

序号	练习内容	锻炼部位	运动负荷	练习选择	备注
1	热身运动	全身	30～45分钟	有氧器械	
2	参考相关章节	臀腿部	80%～85%×6～10次×1～2组	选3～4个练习	
3	参考相关章节	腰腹部	自重×15次以上×2～3组	选3～4个练习	
4	参考相关章节	背部	80%～85%×6～10次×1～2组	选3～4个练习	
5	参考相关章节	胸部	80%～85%×6～10次×1～2组	选3～4个练习	
6	参考相关章节	肩部	80%～85%×6～10次×1～2组	选3～4个练习	
7	参考表6–3–1中的5号练习内容	臂部	60%以下×15次以上或至极限×2～3组	选4～5个练习	循环练习
8	放松	全身	10～15分钟	拉伸练习	

说明：

（1）运动量栏中的“%”重量、每个练习所负组数、所选择的练习更换等同表6–3–7的说明。

（2）重点的臂部锻炼需每周4～5次；其他非重点部位的锻炼每周3～4次，每次的锻炼可选择几个需要的部位进行。

（3）此方案以男性锻炼为宜。

（4）锻炼后的饮食中需减少热能（脂肪和碳水化合物等）食物的摄入。

二、臂部器械锻炼注意事项

在进行臂部健美锻炼时，重点应集中在上臂，以练肱二头肌和肱三头肌为主。练习前臂的屈肌和伸肌，只要适当安排2～3个动作就足以能与上臂肌肉协调发展。

（一）双臂交替练习

一般来说，人的右臂力量大于左臂，因此，练健美时双臂交替练习和依次练习的项目，其负荷应完全相同，既要练屈肌又要练伸肌，只有这样才能使臂部肌群发达对称。

（二）合理选择练习动作

在锻炼中要想收到好的锻炼效果，可根据实际情况合理选择练习的动作，适当增加运动量。一般女性的臂部肌群锻炼，往往以增强臂力、提高肌肉的弹性和减缩多余的脂肪为目的，锻炼中的练习重量常以中小重量为主，练习次数可多些。而男性的臂部肌群锻炼大多数是以发展臂部肌肉、增强臂力为主要目的，在锻炼中除必须注意臂部肌群的全面锻炼外，练习重量应以大重量为主，练习次数可少些。

（三）热身与放松

1. 锻炼前的热身方式

器械锻炼前的热身活动可分为一般性热身和专门性热身。

（1）一般性热身活动：慢跑类、关节活动类、徒手操等。

（2）专门性热身活动：臂部绕环、拉伸臂部肌群等。

2. **锻炼后的放松方式**

（1）一般性放松活动：耸肩。
（2）拉伸放松活动：手拉单杠等。
（3）按摩放松活动：推摩、擦摩、揉、按压等。

（四）保护与帮助

保护与帮助是器械锻炼过程中的特点之一，同时是预防运动损伤的重要安全措施，因此要求锻炼者了解和熟悉锻炼技法，达到促进身心健康和改变形体目的的，同时又可以避免运动损伤。

1. **保护**

自我保护和他人保护。

2. **帮助**

（1）直接帮助：坐姿斜板弯举可采取“扶”、龙门架绳索下压可采取“拉”等。
（2）间接帮助：短字语言、数字、口令等。

思考题：

1. 简述臂部的主要肌肉。
2. 简述3～5个臂部固定器械练习方法。
3. 简述3～5个自由重量器械臂部常见练习方法。
4. 简述某运动水平的臂部锻炼方法及注意事项。

第七章

臀腿部器械锻炼技法

本章节主要介绍常见臀腿部固定器械练习、自由重量器械臀腿部常见练习等技法。同时，针对臀腿部减肥、增长肌肉和增加力量等不同锻炼者的目的，专门设计了臀腿部器械锻炼的初级、中级、高级等运动水平课案供读者选用或参考。

臀、腿部的肌肉含量占有全身肌肉量的70%以上，是身体运动的基础，更是全身力量的源泉。而且，肥硕的臀部和具修长流线的腿部已成时代青年展现自我身姿的热注梦求。现风靡一时且备受女性追捧的“蜜桃臀”，就是通过器械锻炼所塑造的形态丰满的视觉效果。同时，90%的久坐人群中存在骨盆后倾问题，而骨盆后倾易导致髋关节灵活度受限，下蹲时膝关节压力变大。然而，器械和负荷锻炼臀部可以有效改善髋关节灵活性，减轻膝关节压力。现已有越来越多的人们采用器械或负荷锻炼的方式和方法来增强臀部肌群，以提高骨盆的稳定性；男性特以此来增强腿部力量，女性则以此来塑造双腿曲线。

第一节　常见臀腿部固定器械练习技法

一、史密斯机深蹲练习

（一）锻炼部位

主要锻炼股四头肌、臀大肌、腘绳肌、下背肌群等。

（二）使用方法

1. 器械调整程序

调整横杆高度→调整保护钩高度→调整杠铃重量→开始练习。

2. 器械调整方法

（1）横杆：调至锻炼者站立时与肩同高的高度。
（2）保护钩：调至锻炼者完全深蹲后比肩略低的高度。
（3）杠铃：调至锻炼者所能完成计划次数的重量。

（三）练习要领

锻炼者自然站立，两脚分开，与肩同宽，杠铃置于颈后，两手掌心朝前握杠，抬头、挺胸、收腹、紧腰，背部尽量挺直，目视前方；缓慢屈膝、屈髋下蹲至膝关节的角度小于90° ，稍停；用大腿肌群、臀大肌的收缩力量做伸膝、伸髋站起动作，直至身体直立还原。以此重复练习。（图7–1–1）

图7–1–1　史密斯机深蹲练习

（四）注意事项

（1）根据锻炼者习惯，可采取用力时吸气或呼气的方式，但大重量时应憋气，并要控制好呼吸的节奏，使动作平稳过渡。

（2）动作练习过程中，上体必须始终保持挺胸、收腹、紧腰的姿势，意念要集中在腿部肌群。

（3）动作练习过程中，站起时伸膝、伸髋同时进行，杠铃运动路线应是直上直下，切勿在站起时使臀部先抬起，导致杠铃重心前移，增加颈部与腰背肌的负担；下蹲时要慢，使股四头肌在紧张的状态中逐渐伸长；伸腿起立至两腿伸直时，必须使股四头肌完全收紧，并要紧腰夹臀，同时腰腿部要有意识地向前顶。

（4）由于该动作对身体负荷量较大，因而要求在练习时，视自身身体状况水平，合理选择练习强度，保证练习质量；可在两脚跟下垫一块5厘米左右厚的木板进行练习，保证身体重心平衡。

二、斜卧蹬腿器斜蹬练习

（一）锻炼部位

此练习主要锻炼臀大肌和股四头肌。

（二）使用方法

1. 器械调整程序

调整蹬腿器背靠斜板→调整蹬腿器阻力板→调整负荷重量→开始练习。

2. 器械调整方法

（1）背靠斜板：调整背靠斜板倾斜度至锻炼者最舒适发力位。

（2）阻力板：调整阻力板至锻炼者斜卧后双腿屈膝时两脚掌完全贴合挡板。

（3）负荷量：调至锻炼者所能完成计划次数的重量。

（三）练习要领

锻炼者斜坐，腰部呈弓形；两脚掌紧贴踏板，两手各握器械的一握把；打开器械保险装置，用股四头肌、臀大肌的力量做膝关节伸的动作斜向上蹬踏板至两腿完全伸直，同时尽力收缩股四头肌群；稍停，缓慢屈膝让阻力挡板下降到预先卡定的位置。以此重复练习。（图7-1-2）

图7-1-2 斜卧蹬腿器斜蹬练习

（四）注意事项

（1）两脚底紧贴器械踏板时，采用双脚平行、朝外分开或并拢的姿势，利用不同角度锻炼大腿肌群的不同部位。

（2）动作练习过程中，保持上体、双脚固定，向下弯曲至最大限度，大腿肌群始终保持紧张。

（3）用力向上时吸气，还原时呼气，控制好呼吸的节奏，使动作平稳过渡。

三、坐姿大腿内收外展器内收练习

（一）锻炼部位

此练习主要锻炼大腿内侧肌群等。

（二）使用方法

1. 器械调整程序

调整阻力靠板→调整负荷量→开始练习。

2. **器械调整方法**

（1）阻力靠垫：将靠垫调至最外面位置的卡扣。

（2）负荷量：调至锻炼者所能完成计划次数的重量。

（三）练习要领

锻炼者坐姿，上背部紧贴靠背，呈挺胸、收腹、直腰的姿势，两腿紧贴器械阻力靠板上；用大腿内侧肌群的力量做内收动作至器械两阻力板相靠；稍停，缓慢回原位。以此重复练习。（图7–1–3）

图7–1–3　坐姿大腿内收外展器内收练习

（四）注意事项

（1）动作练习程中，上体不要前倾后仰助力完成动作。

（2）动作练习过程中，当器械回原位时，大腿内侧肌群做退让练习，不能利用器械的惯性完成动作。

（3）动作练习过程中，根据锻炼者习惯，用力时吸气或呼气，要控制好呼吸的节奏，使动作平稳过渡。

（4）该练习适合于不同层次水平的锻炼者。

四、坐姿大腿内收外展器外展练习

（一）锻炼部位

此练习主要锻炼大腿外侧肌群等。

（二）使用方法

1. 器械调整程序

调整阻力靠板→调整负荷量→开始练习。

2. 器械调整方法

（1）阻力护垫：将靠垫调至最外面位置的卡扣。

（2）负荷量：调至锻炼者所能完成计划次数的重量。

（三）练习要领

锻炼者坐姿，上背部紧贴靠背，呈挺胸、收腹、直腰的姿势，两腿外侧紧贴器械阻力靠板上；用大腿外侧肌群的力量做外展动作至最大限度；稍停，缓慢回原位。以此重复练习。（图7–1–4）

图7–1–4　坐姿大腿内收外展器外展练习

（四）注意事项

与坐姿大腿内收外展器内收练习相同。

第二节　自由重量器械臀腿部常见练习技法

一、杠铃负重深蹲练习

（一）锻炼部位

此练习主要锻炼股四头肌、臀大肌、下背部肌群等。

（二）使用方法

固定杠铃或可调节杠铃：选择锻炼者能完成计划次数的重量。

（三）练习要领

锻炼者自然站立，两脚分开与肩同宽，脚尖稍向外，挺胸立腰，略抬头，颈后肩负杠铃；屈膝、屈髋下蹲至最低点，臀部接近或贴合小腿后侧，然后，用大腿肌群、臀部肌群的收缩力量做伸膝、伸髋的动作站起来，直至身体直立；稍停，缓慢回原位。以此重复练习。（图7-2-1）

图7-2-1　杠铃负重深蹲练习

（四）注意事项

（1）该动作对身体负荷量较大，在练习时，视自身身体状况水平合理选择练习强度，保证练习质量。

（2）动作练习过程中，躯干保持固定，杠铃运动轨迹直上直下，切勿在站起时使臀部先抬起，导致杠铃重心前移，增加颈部与腰背肌的负担，影响练习效果。

（3）该练习适合于不同层次水平的锻炼者。

二、杠铃负重半蹲练习

（一）锻炼部位

此练习主要锻炼股四头肌等肌肉。

（二）使用方法

固定杠铃或可调节杠铃：选择锻炼者能完成计划次数的重量。

（三）练习要领

锻炼者自然站立，两脚分开与肩同宽，脚尖稍向外，挺胸立腰，略抬头，颈后肩负杠铃；屈膝、屈髋下蹲至膝关节呈90°（大腿与地面平行）；然后，用大腿肌群、臀部肌群的收缩力量做伸膝、伸髋站起动作，直至身体直立；稍停，缓慢回原位。以此重复练习。（图7-2-2）

图7-2-2 杠铃负重半蹲练习

（四）注意事项

（1）由于该动作练习强度较大，一般在练习时采用憋气完成动作，并要控制好呼吸的节奏，使动作平稳过渡。

（2）动作练习过程中，上体始终保持挺胸、收腹、紧腰；站起时伸膝、伸髋同时进行，杠铃运动路线应是直上直下，从下蹲至起立前腿即将伸直时，主要是股四头肌用力。

（3）由于该动作对身体负荷量较大，故要求在练习时视自身身体状况水平，合理选择练习强度，保证练习质量。

（4）该练习适合于不同层次水平的锻炼者。

三、哑铃负重弓步蹲练习

（一）锻炼部位

此练习主要锻炼股四头肌、臀部肌肉、小腿肌群等。

（二）使用方法

固定哑铃或可调节哑铃：选择锻炼者能完成计划次数的重量。

（三）练习要领

锻炼者自然站立，挺胸收腹，两眼平视前方；双手各握一只哑铃，自然下放于身体两侧，掌心相对；左腿或右腿向前跨出一步，屈膝向下，直到大腿与地面平行；重心在两腿之间，不要过度前倾或后仰，后脚膝关节尽可能向下但不可接触地面；再利用后脚及核心的力量把身体和前脚推回到起始位置，换另一边重复练习。以此重复练习。（图7–2–3）

图7–2–3 哑铃负重弓步蹲练习

（四）注意事项

（1）此动作不要在软垫上进行练习。

（2）动作练习过程中，保持前膝与脚尖在一条直线，脚尖不要向内翻。

（3）下蹲时，膝盖不要超过脚尖，动作过程中，小腿应和大腿呈90°，否则膝盖会承受过大的压力，易导致受伤。

（4）该练习适合于不同层次水平的锻炼者。

四、杠铃负重提踵练习

（一）锻炼部位

此练习主要锻炼小腿三头肌等肌肉。

（二）使用方法

固定哑铃或可调节哑铃：选择锻炼者能完成计划次数的重量。

（三）练习要领

锻炼者自然站立，两脚分开与肩同宽，挺胸、收腹、腰部收紧，肩负杠铃；用小腿肌群的力量做提踵动作，使两脚跟向上提至最高点；稍停，缓慢回原位。以此重复练习。（图7-2-4）

图7-2-4　杠铃负重提踵练习

（四）注意事项

（1）动作练习过程中，两脚后跟不可触及地面；身体始终保持直立，不能前倾或后仰，两膝关节不能弯曲。

（2）动作练习过程中，根据锻炼者习惯，用力时吸气或呼气，要控制好呼吸的节奏，使动作平稳过渡。

（3）该练习适合于不同层次水平的锻炼者。

五、单臂提铃单腿提踵练习

（一）锻炼部位

此练习主要锻炼小腿三头肌等肌肉。

（二）使用方法

（1）垫板：选择锻炼者站于踏板上后脚跟不会触及地面的高度。

（2）哑铃或杠铃片：选择锻炼者能完成计划次数的重量。

（三）练习要领

锻炼者单脚独立站于平地或垫板上，脚后跟向上抬至最高点，另一腿弯曲并贴于支撑腿上，一手叉腰，另一手提铃置于体侧；然后，用小腿肌群的力量做提踵动作，至最高点稍停，反复地“提起”与“下落”。以此重复练习。（图7–2–5）

图7-2-5　单臂提铃单腿提踵练习

（四）注意事项

（1）动作过程中，通常是脚跟下放时吸气，蹬腿提起时呼气。

（2）动作练习过程中，支撑腿的膝关节始终是伸直的，上体始终保持挺胸、直腰的姿势。

（3）该练习适合于不同层次水平的锻炼者。

六、坐姿杠铃片负重提踵练习

（一）锻炼部位

此练习主要锻炼小腿三头肌等肌肉。

（二）使用方法

（1）平板凳或椅子：调整至锻炼者大腿与地面平行的高度。

（2）杠铃片：调整至锻炼者能完成计划次数的重量。

（三）练习要领

锻炼者坐姿，双脚尖触地面，双腿并拢，手扶杠铃片置于膝盖上保持不动；以小腿肌群的收缩力量，使脚后跟尽可能地抬起至最高点；稍停，缓慢放下还原。以此重复练习。（图7-2-6）

图7-2-6 坐姿杠铃片负重提踵练习

（四）注意事项

（1）动作练习过程中，脚后跟不要触及地面。
（2）可采用在两脚掌处垫一块木板增加练习的距离。
（3）该练习适合于不同层次水平的锻炼者。

七、俯卧后举腿练习

（一）锻炼部位

此练习主要锻炼臀大肌、下背部肌群和股后肌群等。

（二）使用方法

高长凳：调整至凳面平行于地面。

（三）练习要领

锻炼者俯卧于杠铃凳上，双手抓住凳腿，腿部膝关节伸直；用臀部、腿部肌群的收缩力量将单只腿向后上方尽可能地抬起到最高点；稍停，缓慢控制下落还原，左右腿交换。以此重复练习。（图7-2-7）

图7-2-7　俯卧后举腿练习

（四）注意事项

（1）动作练习过程中，两腿膝关节伸直紧绷，尽全力收缩向后上举起，下落时控制缓慢还原，意念集中在臀部。

（2）练习过程中，腿向后上举起时吸气，还原时呼气，控制呼吸节奏，使动作平稳过渡。

（3）该练习适合于不同层次水平的锻炼者。

第三节 臂腿部器械锻炼课案与注意事项

一、臂腿部器械练习组合案例

（一）初级阶段锻炼（0～6个月锻炼龄）

1. 臂腿部增长肌肉锻炼方案（表7-3-1）

表7-3-1 臂腿部增肌初级阶段锻炼样例

序号	练习内容	锻炼部位	运动负荷	练习选择	备注
1	热身运动	全身	10～15分钟	有氧器械	
2	史密斯机深蹲	臂腿部	75%～80%×6～12次×2～3组	选2～3个练习	循环练习
	斜卧蹬腿器斜蹬				
	坐姿大腿内收外展器内收				
	坐姿大腿内收外展器外展				
	哑铃负重弓步蹲				
	杠铃负重深蹲				
	杠铃负重半蹲				

（续表）

序号	练习内容	锻炼部位	运动负荷	练习选择	备注
	坐姿杠铃片负重提踵 杠铃负重提踵 单臂提铃单腿提踵 俯卧后举腿				
3	参考相关章节	胸部	70%～80%×6～10次×1～2组	选1～2个练习	
4	参考相关章节	背部	70%～80%×6～10次×1～2组	选1～2个练习	
5	参考相关章节	肩部	70%～80%×6～10次×1～2组	选1～2个练习	
6	参考相关章节	臂部	70%～80%×6～10次×1～2组	选1～2个练习	
7	参考相关章节	腰腹部	自重×15次以上×2～3组	选1～2个练习	
8	放松	全身	10～15分钟	拉伸练习	

说明：

（1）运动量栏中的“%”重量，是指此练习所能举起的1次的最大重量；初练者前2～3周的负重视各人情况自定，主要以掌握规范动作为主。

（2）重点的臀腿部锻炼需每周2～3次；其他非重点部位的锻炼每周1～2次，每次的锻炼可选择几个需要的部位进行。

（3）每个练习所负组数是指有效锻炼组数。

（4）所选择的练习需在3～4周后重新更换。

（5）在锻炼后的饮食中需增加比平时多1～1.5倍的高蛋白食物。

2. 臂腿部增长力量锻炼方案（表7-3-2）

表7-3-2　臂腿部增长力量初级阶段锻炼样例

序号	练习内容	锻炼部位	运动负荷	练习选择	备注
1	热身运动	全身	10～15分钟	有氧器械	
2	参考表7-3-1中的2号练习内容	臂腿部	90%以上×1～5次×2～3组	选2～3个练习	循环练习
3	参考相关章节	胸部	70%～80%×6～10次×1～2组	选1～2个练习	
4	参考相关章节	背部	70%～80%×6～10次×1～2组	选1～2个练习	
5	参考相关章节	肩部	70%～80%×6～10次×1～2组	选1～2个练习	
6	参考相关章节	臂部	70%～80%×6～10次×1～2组	选1～2个练习	
7	参考相关章节	腰腹部	自重×15次以上×2～3组	选1～2个练习	
8	放松	全身	10～15分钟	拉伸练习	

3. 臀腿部减脂锻炼方案（表7-3-3）

表7-3-3　臀腿部减脂初级阶段锻炼样例

序号	练习内容	锻炼部位	运动负荷	练习选择	备 注
1	热身运动	全身	10～15分钟	有氧器械	
2	参考相关章节	胸部	70%～80%×6～10次×1～2组	选1～2个练习	
3	参考相关章节	背部	70%～80%×6～10次×1～2组	选1～2个练习	
4	参考相关章节	肩部	70%～80%×6～10次×1～2组	选1～2个练习	
5	参考相关章节	臂部	70%～80%×6～10次×1～2组	选1～2个练习	
6	参考相关章节	腰腹部	自重×15次以上×2～3组	选1～2个练习	
7	参考表7-3-1中的2号练习内容	臀腿部	60%以下×15次×2～3组	选2～3个练习	循环练习
8	参考相关章节	全身	10～15分钟	拉伸练习	

说明：

（1）运动量栏中的“%”重量、每个练习所负组数、所选择的练习更换等同表7-3-1的说明。

（2）重点的臀腿部锻炼需每周4～5次；其他非重点部位的锻炼每周1～2次，每次的锻炼可选择几个需要的部位进行。

（3）锻炼后的饮食中需减少热能（脂肪和碳水化合物等）食物的摄入。

（二）中级阶段锻炼（6～12个月锻炼龄）

1. 臂腿部增长肌肉锻炼方案（表7-3-4）

表7-3-4　臂腿部增肌中级阶段锻炼样例

序号	练习内容	锻炼部位	运动负荷	练习选择	备注
1	热身运动	全身	10～15分钟	有氧器械	
2	参考表7-3-1中的2号练习内容	臂腿部	75%～85%×6～12次×2～3组	选2～3个练习	循环练习
3	参考相关章节	胸部	70%～80%×6～10次×1～2组	选1～2个练习	
4	参考相关章节	背部	70%～80%×6～10次×1～2组	选1～2个练习	
5	参考相关章节	肩部	70%～80%×6～10次×1～2组	选1～2个练习	
6	参考相关章节	臂部	70%～80%×6～10次×1～2组	选1～2个练习	
7	参考相关章节	腰腹部	自重×15次以上×2～3组	选1～2个练习	
8	放松	全身	10～15分钟	拉伸练习	

说明：

（1）运动量栏中的“%”重量，是指此练习所能举起的1次的最大重量；主要是在掌握动作的基础上塑造肌肉轮廓为主。

（2）重点的臂腿部锻炼需每周2～3次；其他非重点部位的锻炼每周1～2次，每次的锻炼可选择几个需要的部位进行。

（3）每个练习所负组数是指有效锻炼组数。

（4）所选择的练习需在3～4周后重新更换。

（5）在锻炼后的饮食中，需增加比平时多1～1.5倍的高蛋白食物。

2. 臂腿部增长力量锻炼方案（表7-3-5）

表7-3-5　臂腿部增长力量中级阶段锻炼样例

序号	练习内容	锻炼部位	运动负荷	练习选择	备 注
1	热身运动	全身	10～15分钟	有氧器械	
2	参考表7-3-1中的2号练习内容	臂腿部	90%以上×1～5次×3～4组	选2～3个练习	循环练习
3	参考相关章节	胸部	70%～80%×6～10次×1～2组	选1～2个练习	
4	参考相关章节	背部	70%～80%×6～10次×1～2组	选1～2个练习	
5	参考相关章节	肩部	70%～80%×6～10次×1～2组	选1～2个练习	
6	参考相关章节	臂部	70%～80%×6～10次×1～2组	选1～2个练习	
7	参考相关章节	腰腹部	自重×15次以上×2～3组	选1～2个练习	
8	放松	全身	10～15分钟	拉伸练习	

3. 臀腿部减脂锻炼方案（表7-3-6）

表7-3-6 臀腿部减脂中级阶段锻炼样例

序号	练习内容	锻炼部位	运动负荷	练习选择	备注
1	热身运动	全身	10～15分钟	有氧器械	
2	参考相关章节	胸部	70%～80%×6～10次×1～2组	选1～2个练习	
3	参考相关章节	背部	70%～80%×6～10次×1～2组	选1～2个练习	
4	参考相关章节	肩部	70%～80%×6～10次×1～2组	选1～2个练习	
5	参考相关章节	臂部	70%～80%×6～10次×1～2组	选1～2个练习	
6	参考相关章节	腰腹部	自重×15次以上×2～3组	选1～2个练习	
7	参考表7-3-1中的2号练习内容	臀腿部	60%以下×15次以上至极限×3～4组	选2～3个练习	循环练习
8	参考相关章节	全身	10～15分钟	拉伸练习	

说明：

（1）运动量栏中的“%”重量、每个练习所负组数、所选择的练习更换等同表7-3-1的说明。

（2）重点的臀腿部锻炼需每周4～5次；其他非重点部位的锻炼每周1～2次，每次的锻炼可选择几个需要的部位进行。

（3）锻炼后的饮食中需减少热能（脂肪和碳水化合物等）食物的摄入。

（三）高级阶段锻炼（1年以上锻炼龄）

1. 臀腿部增长肌肉锻炼方案（表7–3–7）

表7–3–7　臀腿部增肌高级阶段锻炼样例

序号	练习内容	锻炼部位	运动负荷	练习选择	备 注
1	热身运动	全身	10～15分钟	有氧器械	
2	参考表7–3–1中的2号练习内容	臀腿部	80%～85%×6～12次×3～4组	选2～3个练习	循环练习
3	参考相关章节	胸部	70%～80%×6～10次×1～2组	选1～2个练习	
4	参考相关章节	背部	70%～80%×6～10次×1～2组	选1～2个练习	
5	参考相关章节	肩部	70%～80%×6～10次×1～2组	选1～2个练习	
6	参考相关章节	臂部	70%～80%×6～10次×1～2组	选1～2个练习	
7	参考相关章节	腰腹部	自重×15次以上×2～3组	选1～2个练习	
8	放松	全身	10～15分钟	拉伸练习	

说明：

（1）运动量栏中的“%”重量，是指此练习所能举起的1次的最大重量；高级阶段锻炼在熟练运用各种训练方法后，以使身体各部位轮廓愈加明显、肌肉与肌肉之间的横纹沟理更清晰为主。

（2）重点的臀腿部锻炼需每周2～3次；其他非重点部位的锻炼每周1～2次，每次的锻炼可选择几个需要的部位进行。

（3）每个练习所负组数是指有效锻炼组数。

（4）所选择的练习需在3～4周后重新更换。

（5）在锻炼后的饮食中需增加比平时多1～1.5倍的高蛋白食物。

2. 臀腿部增长力量锻炼方案（表7–3–8）

表7–3–8 臀腿部增长力量高级阶段锻炼样例

序号	练习内容	锻炼部位	运动负荷	练习选择	备 注
1	热身运动	全身	10～15分钟	有氧器械	
2	参考表7–3–1中的2号练习内容	臀腿部	90%以上×1～5次×3～5组	选2～3个练习	循环练习
3	参考相关章节	胸部	70%～80%×6～10次×1～2组	选1～2个练习	
4	参考相关章节	背部	70%～80%×6～10次×1～2组	选1～2个练习	
5	参考相关章节	肩部	70%～80%×6～10次×1～2组	选1～2个练习	
6	参考相关章节	臂部	70%～80%×6～10次×1～2组	选1～2个练习	
7	参考相关章节	腰腹部	自重×15次以上×2～3组	选1～2个练习	
8	放松	全身	10～15分钟	拉伸练习	

3. 臀腿部减脂锻炼方案（表7–3–9）

表7–3–9　臀腿部减脂高级阶段锻炼样例

序号	练习内容	锻炼部位	运动负荷	练习选择	备 注
1	热身运动	全身	10～15分钟	有氧器械	
2	参考相关章节	胸部	70%～80%×6～10次×1～2组	选1～2个练习	
3	参考相关章节	背部	70%～80%×6～10次×1～2组	选1～2个练习	
4	参考相关章节	肩部	70%～80%×6～10次×1～2组	选1～2个练习	
5	参考相关章节	臂部	70%～80%×6～10次×1～2组	选1～2个练习	
6	参考相关章节	腰腹部	自重×15次以上×2～3组	选1～2个练习	
7	参考表7–3–1中的2号练习内容	臀腿部	60%以下×15次以上至极限×3～5组	选2～3个练习	循环练习
8	参考相关章节	全身	10～15分钟	拉伸练习	

说明：

（1）运动量栏中的“%”重量、每个练习所负组数、所选择的练习更换等同表7–3–1的说明。

（2）重点的臀腿部锻炼需每周4～5次；其他非重点部位的锻炼每周1～2次，每次的锻炼可选择几个需要的部位进行。

（3）锻炼后的饮食中需减少热能（脂肪和碳水化合物等）食物的摄入。

二、臀腿部器械锻炼注意事项

（1）在安排训练时，一般男性在前6个月的训练中应适当降低动作难度，每次可安排1～2个动作，大腿做3～4组，小腿做2～3组；在6个月至1年时，动作难度可适当增加，每次可安排1～2个动作，做4～5组；在1年以后，大腿锻炼一般安排2～3个动作。女性一般可多安排一些徒手和轻器械练习，动作的组数和次数要比男性多，组间休息时间要短。

（2）腿部力量和肌肉增长有其客观规律，在开始的1～2年内，增长速度较快，以后越来越慢。到了一定程度时，增长曲线往往上下起伏，好像到了生理极限。在这种情况下就必须采取不同重量、不同站距、不同角度、不同方法等进行多组数和多次数的练习。

（3）女性臀腿部的锻炼主要是以减缩多余脂肪、增加肌肉弹性、美化腿部线条为主；男性腿部的锻炼主要是以发达肌肉群、增长肌肉力量为主。

思考题：

1. 简述臀腿部的主要肌肉。
2. 简述3～5个臀腿部固定器械练习方法。
3. 简述3～5个自由重量器械臀腿部常见练习方法。
4. 简述某运动水平的臀腿部锻炼方法及注意事项。

参考文献

[1] 古桥. 健美理论与实践 [M]. 北京：人民体育出版社，2015.

[2] 张盛海. 器械塑身 [M]. 北京：北京体育大学出版社，2015.

[3] 墨菲. 终级哑铃健身 [M]. 柳正奎，译. 北京：北京科学技术出版社，2015.

[4] 德拉威尔，甘地. 手臂肌肉训练 [M]. 尹承昊，译. 济南：山东科学技术出版社，2014.

[5] 林曙光，张敏州. 中西医结合心脏病学进展 [M]. 广州：中山大学出版社，2013.

[6] 田里. 健身教练服务教程 [M]. 北京：中国书籍出版社，2012.

[7] 郭小梅. 现代心脑血管病危险因素与对策 [M]. 北京：人民军医出版社，2010.

[8] 田里. 健身私人教练理论与实践 [M]. 北京：北京体育大学出版社，2006.

[9] 田里. 健身健美职业服务规范 [M]. 北京：现代教育出版社，2009.

[10] 王瑞元. 运动生理学 [M]. 北京：人民体育出版社，2009.

[11] 王健，何玉秀. 健康体适能 [M]. 北京：高等教育出版社，2008.

[12] 王安利. 运动医学 [M]. 北京：人民体育出版社，2008.

[13] 田里. 健美教育 [M]. 杭州：浙江大学出版社，2005.

[14] 刘大庆，田里，等. 社会体育指导员职业培训专项教材——健身健美 [M]. 北京：高等教育出版社，2005.

[15] 黄玉山. 运动处方理论与应用 [M]. 桂林：广西师范大学出版社，2005.

[16] 田里. “洛加”器械健身法 [M]. 北京：北京体育大学出版社，2005.

[17] 张先松. 健身健美运动 [M]. 北京：高等教育出版社，2005.

[18] 王瑞元. 运动生理学 [M]. 北京：人民体育出版社，2002.

[19] 中国健美协会. 韦德健美训练法则 [M]. 北京：北京体育大学出版社，2002.

[20] 朱金官，马巧云，等. 健身健美锻炼 [M]. 上海：上海科学技术出版社，1999.

[21] 曹锡瑛，等. 健美运动 [M]. 北京：高等教育出版社，1991.

[22] 张亚平，田里. 我国女子健美运动员体成分与竞赛成绩的关系分析 [J]. 北京体育大学学报，2009（08）：138-139，144.

[23] 田里. 我国健身运动员的体成份特征分析 [J]. 中国运动医学杂志，2008（1）：81-83.

[24] 田里. 我国健美女性体型标准研究 [J]. 北京体育大学学报，2001（4）：504-505，513.

[25] 田里. 健美男子理想体围比例研究 [J]. 体育科学，2001（1）：62-65.

[26] http：//baike.baidu.com/

[27] http：//www.sina.com.cn/

[28] http：//www.sohu.com/

[29] http：//www.qq.com/

[30] http：//www.163.com/